10대와 통하는

영화 이야기

10대와 통하는 영화 이야기

제1판 제1쇄 발행일 2023년 4월 5일
제1판 제3쇄 발행일 2024년 6월 1일

글 _ 이지현
기획 _ 책도둑(박정훈, 박정식, 김민호)
디자인 _ 채홍디자인
펴낸이 _ 김은지
펴낸곳 _ 철수와영희
등록번호 _ 제319-2005-42호
주소 _ 서울시 마포구 월드컵로 65, 302호(망원동, 양경회관)
전화 _ 02) 332-0815
팩스 _ 02) 6003-1958
전자우편 _ chulsu815@hanmail.net

ISBN 979-11-88215-85-0 43680

철수와영희 출판사는 '어린이' 철수와 영희, '어른' 철수와 영희에게
도움 되는 책을 펴내기 위해 노력합니다.

10대와 통하는

영화 이야기

상상이 현실이 되는 교과서 밖 영화 세상

글 이지현

철수와영희

머리말

여러분을 영화의 세계로 초대합니다

우리는 아주 많은 영화를 보며 살고 있습니다. 영화는 우리에게 다가와 말을 걸고 자신의 이야기를 들려줍니다. 영화가 들려주는 이야기는 광활한 우주를 넘나들고 시간과 공간을 여러 각도에서 볼 수 있게 도와주죠.

때로는 우리의 살아가는 이야기를 진실하게 전달하기도 해요. 영화를 통해 우리는 사랑에 빠진 열다섯 살 아이의 설렘을 만나고 취업난과 경제적 어려움에 처한 청년들과 이웃들의 아픔을 느낍니다. 영화가 없는 삶은 상상하기 힘들죠. 영화는 늘 우리에게 따뜻한 위로와 격려를 주니까요. 세상의 변화도 영화가 제일 먼저 이야기해 줄 때가 많아요.

영화는 오랫동안 대중의 사랑을 받아 왔어요. 최근에는 즐기는 방법이 새로워지면서 영화와 우리는 다정한 친구처럼 꼭 붙어 다니기도 해요. 그런데 영화에 대한 호기심과 사랑은 영화를 만드는 사람들만의 것이 아니에요. 많은 사람이 영화를 사랑하고 영화를 만들고 싶어 합니다. 그중에서도 미래를 이끌어 갈 청소년이야말로 진정한 주인공이에요.

이 책을 통해 여러분을 영화의 세계로 초대합니다. 앞으로 펼쳐질 영화 이야기는 예술과 문화와 삶이 함께하는 멋진 여행이 될 거예요. 무엇보다 인간에 대한 깊은 사랑이 이 여행을 더욱 뜻깊고 아름답게 할 거예요.

앞으로의 세상은 여러분이 느끼는 대로 생각하는 대로 만들어질 것입니다. 인간이 잠수함을 꿈꾸었을 때 잠수함을 만들었고, 우주를 꿈꾸었을 때 우주를 가까이 보게 되었죠. 화성과 달과 금성 여행은 머나먼 미래의 이야기가 아니에요. 우리의 내일은 영화를 통해서 더 아름답고 깊게 새겨질 거예요. 영화는 미래를 만들고 새로운 내일을 약속하기 때문이죠.

저도 오랫동안 영화를 꿈꾸었어요. 영화와는 아무 관련이 없이 살아온 제가 시나리오를 쓸 때 많은 분이 걱정했어요. 그렇지만 시나리오를 직접 만들어 보는 과정에서 영화에 대해 깊게 이해하게 되었지요. 또한 영화 관련 일을 하는 분들의 이야기를 들으면서 영화를 더욱 진심으로 사랑하게 되었답니다.

영화의 세계는 평등합니다. 누구나 자신의 힘으로 미래를 만들 수 있어요. 상상하는 만큼 즐거운 세상, 그리고 상상이 현실이 되는 곳, 이상하고 기묘한 세상인 영화 나라로 오세요. 청소년 여러분이 주인공인 영화 이야기를 지금 시작하겠습니다.

이 책이 나오기까지 도움을 준 고마운 분들이 있어요. 배우가 되는 법을 알려준 원로 배우 최종원 선생님과 KBS 역사스페셜 피디이면서 다큐멘터리 감독인 장영주 선생님, 조명 감독인 박창우 선생님께 감사의 말씀을 드립니다.

부디 이 책이 자신과 인류의 새로운 미래를 열어 갈 영화를 이해하는 데 도움이 되기를 바랍니다.

이지현 드림

차례

6장 시나리오, 영화의 시작과 끝

7장 나만의 스타일로 영화 만들기

8장 영화를 만드는 사람들과 만나 볼까요?

1장

영화란 무엇일까요?

영화가 뭐예요?

"영화를 사랑하는 법은 첫째로 영화를 두 번 보고, 둘째로 영화에 대한 글을 써 보고, 셋째로 영화를 만드는 것이다."

—프랑수아 트뤼포(프랑스 영화감독)

인류는 오래전부터 삶의 순간순간을 포착해 남겨 두고 싶어 했어요. 그래서 선사 시대에는 동굴 벽에 그림을 그리기도 했지요. 이처럼 현실을 재현하면서 상대와 소통하고 싶은 인간의 본능은 영화 탄생의 배경이 됩니다.

그렇다면 영화란 무엇일까요? 우리 삶이 그렇듯이 여기에 대한 대답도 다양할 수밖에 없어요. 영화는 계속 변화·발전하고 있고 이에 따라 영화에 대한 정의나 개념도 진화하고 있기 때문입니다.

영화가 무엇인가에 대한 답변을 굳이 하자면, 영화는 이야기이고 우리의 즐거움이며 문화이자 예술입니다. 우리는 영화를 통해 소통하고 자기 생각을 주장하거나 사회에 메시지를 던집니다. 영상은 말이나 글보다 더 설득력 있게 전달할 수 있어요. 영화를 통해 우리는 상대방의 동의나 감동, 더 나아가 적극적인 지지까지 얻을 수 있어요. 한 편의 영화가 우리의 삶을 바꾸기도 하고 인생의 꿈과 목표를 만들기도 한답니다.

또 영화는 과학이라고도 할 수 있어요. 과학의 발전이 영화를 만들었기 때문이지요. 아마도 카메라의 발명이 없었다면 영화는 불가능했을 겁니다. 아울러 컴퓨터의 발명과 발전은 영화의 진보를 더욱 빠르게 앞당길 수 있었어요.

영화는 예술이나 거대한 산업이라고도 할 수 있어요. 영화가 흥행에 성공하면 관련 상품들이 쏟아져 나옵니다. 애니메이션 〈겨울 왕국〉이 흥행에 성공하자 엘사 공주와 올라프 등 캐릭터 상품이 엄청나게 쏟아져 나왔지요. 영화 음악과 의상, 도서까지 시장을 휩쓸었어요. 〈스타워즈〉의 광선 검, 〈쥬라기 공원〉의 공룡은 또 어떤가요? 이렇게 영화 한 편이 끼치는 효과가 연쇄적으로 커지면서 영화 산업은 더욱 대중적으로 확산되고 다채롭게 발전해 나갑니다.

영화를 부르는 이름도 다양합니다. 그중에서 가장 대표적인 이

16mm 영화 필름

름을 세 가지로 꼽을 수 있어요. 바로 필름, 시네마, 무비입니다.

먼저 '필름'은 예술과 작가의 관점에서 바라본 이름이라고 할 수 있어요. 과거에 디지털카메라가 나오기 전에는 사진기 안에 필름을 넣고 사진을 찍었습니다. 영화를 촬영할 때도 필름이 필요했죠. '필름'이라는 이름에는 오래된 영화의 역사가 들어 있습니다. 지금도 다양한 영화 축제가 '필름 페스티벌'이라는 이름으로 열리고 있어요.

다음은 '시네마'인데요. 이는 영화 산업 전체를 아우르는 용어라고 볼 수 있어요. 또 다른 이름인 '무비'는 주로 영어권에서 사용하는데 오락적인 개념을 강조한 상업 영화를 가리킵니다.

이렇게 영화에 대해 다양한 이름과 관점이 있지만, 무엇보다 중요한 것은 상상력이에요. 영화적 상상력이야말로 영화의 생명이자 영화의 미래입니다. 상상력을 통해 만들어진 스토리와 캐릭터가 우리에게 감동을 주니까요. 때로는 평범한 일상이 영화의 소재가 되기도 합니다. 영화적 상상은 한계가 없어요.

예를 들면 얼굴이 매일 바뀌는 사람이 있어요. 내 얼굴이 오늘 다르고 내일 다르다면 어떤 일이 생겨날지 상상할 수 없을 거예요. 게다가 성별까지 바뀐다면 어떻게 될까요? 그것도 무작위로 바뀌게 될 때의 상황을 설정해 볼 수도 있을 거예요. 실제로 이런 이야기는 영화로도 만들어졌어요.

또 고정관념을 깨뜨린 영화들도 많이 있습니다. 이준익 감독의 영화 〈황산벌〉은 신라와 백제의 황산벌 전투를 그린 영화로 그동안의 전쟁 영웅 이야기를 뒤집어 버립니다. 승자의 시선에서 영화를 끌고 가는 것이 아니라 패자의 입장을 진실하게 전달합니다.

영화에서 신라를 대표하는 인물은 김유신 장군과 김춘추이고, 반대로 백제 쪽은 계백 장군과 보통 사람인 '거시기'입니다. 영화는 사실상 패자인 계백 장군과 거시기에 대한 서사라고 할 수 있어요. 권력층을 비웃고 신라와 백제의 단절을 비웃습니다. 재미

영화 〈황산벌〉
출처: 씨네월드

있는 건 같은 땅인 한반도에 사는 백제와 신라가 상대의 말을 이해 못 한다는 거죠. 그만큼 서로를 적대시하며 미움과 원망을 키워 온 거예요.

'거시기'라는 이름을 가진 인물은 사실상 이 영화를 이끌어 가는 주인공입니다. 지금까지 우리가 가져왔던 주인공과 영웅에 대한 고정관념은 시골 농부인 거시기를 만나는 순간 즐겁게 깨집니다. 거시기라는 인물은 진정한 전쟁 영웅으로서 우리를 황산벌 전투로 데려갑니다. 이처럼 고정관념을 깨고 새롭게 세상을 바라보는 일이야말로 영화적 상상력의 출발점이라고 할 수 있답니다.

영화를 통해 많은 사람이 고통에서 치유되고 아픔 속에서 위로를 받습니다. 영화에는 다양한 사람들이 등장해요. 아프고 힘들고 슬픈 사람들이 우리에게 말을 겁니다. 때로는 학교 폭력에 시달리는 피해자가 나오기도 해요. 우리는 함께 억울해하고 분노하며 영화 속 주인공이 되어 어려움과 난관, 불평등과 불공정을 헤쳐 나갑니다. 영화는 이렇듯 우리를 끌어들여 치유의 경험을 줄 뿐만 아니라 새롭게 도전하게 만들어요.

정리를 해볼까요? 이제 누군가 여러분께 영화가 무엇이냐고 묻는다면 우리는 여러 가지로 대답할 수 있습니다. 영화는 소통이고 예술이고 과학이며 산업이고 상상력이고 치유라고요.

영화는 여러 방식으로 정의할 수 있어요. 그만큼 많은 얼굴을 갖고 있습니다. 그렇지만 무엇보다도 중요한 것은 상상력임을 잊어서는 안 됩니다. 상상력은 영화를 만들고 우리의 미래를 만들기 때문이에요.

왜 영화는 예술인가요?

많은 사람이 영화를 '종합 예술'이라고 합니다. 그러나 처음에는 영화를 예술이라고 생각하지 않았어요. 현실을 그대로 복제하는 일에 예술이라는 이름을 붙일 수 없었던 거죠.

그렇다면 예술이란 무엇일까요? 예술의 정의는 시대와 사회에 따라 달라집니다. 예술은 처음에는 '기술'을 뜻했어요. 이제는 '인간의 미적 가치에 의한 독창적인 창조물'로 정의할 수 있습니다.

좀 더 이해가 쉽도록 예를 들어 볼게요. 2019년에 어떤 사람이 무려 1억 4000만 원짜리 바나나를 먹어 치운 사건이 있었습니다. 이 문제의 바나나는 이탈리아 예술가 마우리치오 카텔란의 '코미디언'이라는 작품이었어요. 그냥 일반 바나나에 테이프를 붙여 전시했을 뿐인데 1억 4000만 원이 넘는 비싼 값에 팔렸던 거예요.

그런데 전시 중이던 이 비싼 바나나를 한 행위 예술가가 배가 고프다며 그 자리에서 먹어 버렸어요. 그러자 사람들은 무척 놀랐어요. 그런데 이 작품은 바나나의 색이 변하면 새 바나나로 교체되기 때문에 문제가 되지 않아요. 전시된 바나나의 작품 개념을 담은 인증서를 받고 그 작품을 산 사람은 여전히 고가의 예술 작품을 소장하게 되는 거지요. 사람들은 이렇게 말할지도 몰라요. "말도 안 돼. 그것도 예술이야?"

그렇다면 무엇이 이 바나나를 '예술' 작품으로 만든 걸까요? 이 세상에는 수많은 바나나가 있어요. 그런데 카텔란의 바나나만이 작품이 되고 예술이 되었어요. 다른 바나나에는 없는 예술적 상상력이 더해졌기 때문입니다. 이렇듯 우리 주변의 흔한 물건도 독창성과 예술성이 더해지면 예술 작품이 될 수 있어요. 또 다른 사례를 통해서 예술에 대해 생각해 볼까요?

카텔란 이전부터 독특한 예술적 시도들이 있었어요. 프랑스 예술가 마르셀 뒤샹은 소변기에 '샘'이라는 이름을 붙여서 작품으로 내놓았고 사람들은 황당해했지요. '소변기가 예술 작품이라니 말이 되나?' 하고 의아하게 생각했죠. 변기는 생활용품이고 시중에는 똑같은 복제 변기가 수없이 많이 나와 있으니까요. 뒤샹은 소변기를 가공하거나 변형시키지 않았고 단지 '샘'이라는 흔한 이름만 붙였을 뿐이었죠. 즉, 뒤샹은 예술에서 '이름 붙이기'에 주목했던 거예요.

마르셀 뒤샹은 "예술가가 저거다! 라고 하는 순간 예술이 된다"라고 했어요. 마찬가지로 소변기는 뒤샹이 "샘이다!"라고 말하는 순간 예술이 되어 버린 거예요. 이 작품은 중요한 작품이 되어 우리나라에서도 전시되었고 오랜 세월 동안 많은 사람이 감상했습니다. 흔한 소변기 중의 하나에 불과하지만, '샘'이라는 이름을 가지는 순간 세상에 하나밖에 없는 예술 작품이 된 것이죠.

이처럼 새로운 아이디어는 예술에서 굉장히 중요합니다. 그런데 오랫동안 예술은 희귀해야 하고, 원본이 중요하며 복사하면 작품의 가치가 떨어진다는 관념이 있었어요. 이런 시각에서 보면 영화는 예술이 아니었습니다. 제작사가 여러 곳에 일시에 공급할 수 있고, 한 편의 영화를 수많은 관중이 동시에 감상할 수도 있어요. 하지만 오늘날 영화가 예술임을 부정하는 사람은 없습니다. 그만큼 영화가 '예술'의 지평을 넓혀 왔다고 볼 수 있어요.

영화의 시작은 상업적인 목적이 컸지만, 날이 갈수록 새로운 예술로서 자기만의 방식을 추구하고 있습니다. 그러면서 오히려 대중적인 것이 가장 예술적임을 입증하게 되었어요. 일부 특권 계급의 예술이 아닌 수많은 사람의 예술로 나아가게 된 것이죠. 영화는 연극이나 문학, 미술과는 다른 길을 걸어가며 새로운 예

영화 〈대열차 강도〉

술이 되었습니다.

영화가 단지 현실의 복제일 뿐이며 예술이 될 수 없다는 편견은 일찌감치 허물어지기 시작했습니다. 에드윈 포터 감독의 1903년 작 〈대열차 강도〉는 열차 강도들이 승객들을 강탈하는 과정과 추적자들의 추격 장면 등을 보여 줍니다. 당시로서는 파격적인 영상과 스토리였지요. 이러한 독창성은 대중에게 재미와 호기심을 불러일으키는 것은 물론 예술로서의 존재감을 드러냈습니다.

1911년이 이탈리아 영화 평론가인 리치오토 카뉘도는 영화를 '제7 예술'로 선언합니다. 사실상 이때부터 영화는 예술의 영역으로 들어와요. 뒤이어 사진이 '제8 예술'로 만화가 '제9 예술'로 인정받아요.

오늘날에도 회화나 음악은 고급 예술이고, 영화는 대중적인 예술이어서 저급하다는 편견이 남아 있습니다. 하지만 예술을 이렇게 구분 짓는 건 낡은 사고방식이에요. 영화는 예술이 특정한 사람들에게만 향유되는 것을 거부하면서 대중 예술을 지향하고 있어요. 스스로 새로운 길을 모색하고 다양한 분야의 예술과 함께하고 있지요. 그래서 영화는 독창적이면서도 종합적인 예술로 불린답니다.

영화와 우리 문화의 미래

사람들은 21세기를 '대중문화의 시대'라고 부릅니다. 일반 대중이 쉽게 문화를 공유하고 누릴 수 있기 때문이죠. 우리가 즐기는 영화가 대표적이에요. 언제 어디서나 누구든지 편리하게 즐길 수 있거든요. 갈수록 영화는 더욱 많은 사람의 사랑을 받게 될 거예요.

대중 예술로서 영화는 양면적인 성격을 띠고 있습니다. 돈벌이를 위해 대중의 욕구를 자극하는 반면 문화를 선도하면서 사회 변화를 좋은 방향으로 이끌어 가는 긍정적인 측면도 있습니다. 대중 예술로서 영화가 지닌 이러한 양면성을 제대로 이해할 필요가 있습니다. 그래야만 부정적인 면을 경계하고, 긍정적인 면을 더 발전시켜 나갈 수 있어요. 예를 들어 오락적인 재미에만 빠져 상업 영화에 끌려다니면, 수동적인 관객으로 전락해 버리고 말겠지요.

일반적으로 연극이나 오페라, 대중가요 등 다양한 문화적 생산물은 법과 제도와 관습 등의 영향을 받아요. 문화적 생산물들이 더 나은 방향으로 나아가려면 사회 구성원들의 진지한 고민과 토론이 필요합니다. 특히 영화는 공동체와 대중의 문화를 재현하면서 문화적 흐름을 이끄는 기능을 합니다. 단순히 오락과 재미를 넘어 시대의 유행을 선도하고, 사회적 논의에 새로운 방향을 제시하기도 합니다. 예컨대 환경과 관련된 영화를 보고 나면, 환경 오염과 기후 위기 문제를 심각하게 직시하게 됩니다. 공동체가 새롭게 문제의식을 느끼고 각성하는 계기가 되지요.

이런 영화 가운데 하나가 애덤 맥케이 감독의 〈돈 룩 업〉입니다. 어느 날 지구를 향해 돌진해 오고 있는 혜성을 발견한 대학원생이 이 사실을 교수에게 알립니다. 사실을 확인한 두 사람은 인류 멸망을 불러올지도 모를 대재앙이 닥치고 있다며 세상에 경고합니다. 그렇지만 정치권과 재계와 언론은 한결같이 이들의 경고를 무시합니다. 돈과 정치에 가려 진실을 볼 수 없죠. 영화는 결국 지구가 혜성에 의해 파괴되는 끔찍한 결말을 제시하면서, 우리에게 깊은 고민을 던져 줍니다. 영화를 보고 나면 끔찍한 생각이 들죠. 사람들은 함께 고민하고 토론하면서 환경에 대한 위기의식을 가지게 됩니다. 그러면서 현실을 더 나은 세상으로 만

영화 〈돈 룩 업〉
출처: 넷플릭스

들어 갈 수 있는 거예요.

〈돈 룩 업〉에서 주인공 랜들 민디 박사 역을 맡은 레오나르도 디카프리오는 이 영화에 대해 “과학적 진실을 듣지 못하고 귀 기울이지도 않는 현대 문화를 비유한 영화라고 할 수 있다”고 말했어요. 우리 사회가 항상 올바르거나 바람직한 방향으로 가는 것은 아니기에, 블랙 코미디의 형식을 빌려 영화적 경고를 한 것이라고 볼 수 있겠죠.

영화에서 최고 기업가라는 인물은 지구가 멸망할지도 모르는 상황에서도 돈 벌 궁리와 함께 비상시 탈출 준비를 마칩니다. 그러고는 시치미를 떼면서 이렇게 말해요.

"아무 문제 없습니다."

정말 기가 막히는 노릇이죠. 이것이 영화 속에서만 벌어지는 일일까요? 우리 지구는 지금 심각한 문제에 놓여 있어요. 심각한 기후 위기에도 지구의 황폐화를 앞당기는 소비 문화는 멈출 줄 모르죠. 이 영화는 우리에게 어떻게 살아가야 할지를 묻습니다. 북극곰이 죽어 간다면 인류도 절대로 안전하지 않기 때문입니다.

영화에서 천문학자인 대학원생은 "우리 얘기가 어렵나요? 지금 저희는 지구 전체가 곧 파괴된다는 말을 하고 있다고요." 하며 간절하게 호소합니다. 그러나 언론인들은 시큰둥한 반응을 보이고 오히려 비웃는 몰상식한 모습을 보여요.

오늘날 지구는 하나로 연결되어 있습니다. 국경을 뛰어넘어 하나의 공동체로 대중문화를 만들어 가고 있어요. 영화라는 예술이자 문화가 지구를 하나의 공동체로 묶어 주고 있죠.

문화의 사유화와 독점을 거부하고, 공동체의 삶을 고민하는 대중 예술이 바로 영화입니다. 그러기에 앞으로도 영화는 더욱 많이 만들어질 것이고 더 많은 대중의 사랑을 받게 될 거예요. 앞으로 영화가 만들어 갈 새로운 세계는 어떤 모습일까요?

누구나 손쉽게 영화를 만드는 세상

‘영화 권력’이란 말이 있습니다. 영화는 돈이 많이 드는 예술입니다. 제작비를 투자받지 못하면 만들기 어려워요. 또 만들었다 해도 배급과 홍보에 돈이 많이 듭니다. 이런 이유로 영화를 제작할 수 있는 사람은 극소수였고, 그래서 하나의 ‘권력’에 이르게 된 거예요.

그런데 이처럼 소수만 영화를 만드는 현실은 영화라는 예술의 정체성과 맞지 않아요. 어떻게 보면 태어날 때부터 대중적이었던 영화는 세상 사람 모두의 영화이기를 바라는 속성이 있었는지 모릅니다.

실제로 세상은 여기에 응답이라도 하듯 변화하고 있어요. 스마트폰이 발전을 거듭하면서 놀라운 카메라 기능을 가지게 되었지요. 광각과 슬로모션 기능은 기본이고 흑백을 조절하고 색감도 다르게 할 수 있으며, 파노라마 영상 촬영까지 가능해요. 줌 렌즈는 물론 망원 렌즈까지 장착할 수 있습니다. 영화 제작에 활용할 가능성이 커진 거예요.

여러분도 스마트폰을 활용해 영화를 만들 수 있어요. 촬영을 원하는 친구는 촬영 감독이 되고, 연기를 하고 싶은 친구는 배우가 되어 작품을 함께 만들 수 있어요. 이렇듯 우리 스스로가 손쉽게 영화 제작을 하면서 많은 경험을 할 수 있어요.

예전에는 이런 방식의 영화 제작은 상상할 수 없었습니다. 그러나 이제는 달라졌습니다. 직접 영화를 찍는 사람들이 많아졌어요. 이러한 변화는 미래 세대의 영화인들에게는 좋은 기회가 되지요.

영화 배급 방식도 달라졌어요. 이제는 꼭 거대 배급사와 계약을 체결하지 않아도 영화를 유통할 수 있습니다. 영화를 인터넷에 올려서 많은 사람과 소통할 수 있어요. 기술이 발전하면서 지금보다 더 쉽고 간편하게 영화를 배급할 수 있는 길이 열릴 거예요.

스마트폰은 작고 가벼워서 몸에 지니기도 편하고 영상을 찍기도 쉬워요. 이를 이용해 누구나 영화를 만들 수 있고, 언제 어디서든 관람할 수도 있어요. 요즘에는 스마트폰 영화제가 생기면서 스마트폰 영화가 하나의 흐름이 되고 있습니다.

영화는 상상력에 기술이 더해지면서 계속 발전해 왔어요. 영화가 디지털화되기 이전에 주로 사용했던 필름은 비싸고 재사용이 불가능했어요. 또한 큰 통에 보관해야 해서 불편하고 어려움이 많았죠. 이런 문제점을 극복하려는 노력이 거듭되면서 자연스럽게 필름 영화에서 디지털 영화로 변하다가 이제는 스마트폰 영화가 등장하게 된 거예요.

경우에 따라서는 영화적 감성과 느낌을 살리기 위해 필름 영화를 찍습니다. 그러나 이것은 감독의 개인적 취향일 뿐이고, 선택은 자유롭게 할 수 있어요.

과학 기술의 발전으로 인류는 서로 더 가까워지고 사회는 더 지능화될 거예요. 저는 이러한 변화의 가장 큰 수혜 분야 중 하나가 영화가 될 거로 생각해요. 앞으로는 영화를 멀리서 바라보는 게 아니라 직접 그 안으로 들어갈 날도 오지 않을까요? 상상만 해도 즐겁고 기다려지는 일이 아닐 수 없습니다.

영화를 쉽게 만드는 시대에는 누구나 배우가 될 수 있어요. 가족이나 친구도 좋아요. 시나리오를 함께 쓰거나 그림이나 사진으로 미리 장면을 구성하는 스토리보드를 만들어 볼 수 있겠죠. 스마트폰으로 촬영한 다음에 인터넷에 올려 사람들과 소통할 수 있습니다.

영화 만들기는 어렵지 않습니다. 기술 발전으로 누구나 새로운 실험을 할 수 있어요. 이때 중요한 것이 ‘안목’입니다. 좋은 영화를 만들려면 영화를 많이 즐기면서 좋은 영화를 보는 눈을 길러야 합니다.

제1 예술에서
제9 예술까지 알려 주세요

예술은 표현 방식에 따라 여러 종류로 나뉘어요. 여기에 '제1 예술', '제2 예술' 같은 이름을 붙이고 있는데, 구체적으로는 다음과 같아요.

제1 예술은 건축이에요. 우리의 삶과 밀접하게 연관되는 분야입니다. 건축물은 한번 지어지면 오랫동안 남아서 후대로 전해져요.

제2 예술은 조각이에요. 나무나 금속이나 돌 등의 재료를 깍아서 입체 형상으로 만드는데, 19세기쯤 건축과 분리된 독립적 미술로 인정받게 되었어요.

제3 예술은 회화입니다. 색을 이용해서 그림을 그리는 것인데, 미술의 한 장르이기도 하죠. 벽화부터 풍경화, 인물화 등 종류도 많고 표현 기법도 다채롭습니다.

제4 예술은 음악이에요. 현대를 사는 우리에게 빼놓을 수 없는 즐거움과 위로를 주고 있어요. 장르도 다양해서 사람들은 자신의 취향에 따라 감상을 합니다.

제5 예술은 문학입니다. 문학은 언어로 표현하는 예술인데 시,

소설, 수필 등 그 종류도 다양하지요. 노래 가사도 훌륭한 문학작품이에요. 예전에 팝가수인 밥 딜런이 노벨 문학상을 받았는데요. 그의 가사는 "귀를 위한 시"라는 찬사를 받았어요.

제6 예술은 무용, 연극 등 공연 예술이에요. 그리고 이 책에서 설명하고 있는 영화가 제7 예술이고, 사진이 제8 예술이에요. 여러분이 재미있게 보는 만화가 제9 예술이에요.

2장

영화의 과거와 미래

영화 탄생의 역사
- 알타미라 벽화에서 카페 그랑까지

영화는 어떻게 세상에 나왔을까요?

역사적으로 영화의 기원을 만나려면 스페인의 알타미라 동굴 벽화를 유심히 살펴볼 필요가 있어요. 구석기 시대 작품인 알타미라 동굴 벽화는 생생한 움직임을 표현하려는 인류 최초의 시도였어요. 여기 등장하는 여러 동물 중 커다란 멧돼지의 경우 다리가 여러 개로 그려져 있어, 실제로 움직이듯 사납게 돌진하는 느낌을 주고 있죠.

기술이 발전하지 못했던 시대에는 단순한 그림으로라도 영상적 표현을 하고 싶어 했어요. 이후 과학의 발전은 다양한 방식으로 영화에 대한 가능성을 열어 주었어요. 예컨대 어두운 상자에 작은 구멍을 뚫어 영상을 담는 '카메라 옵스큐라'는 카메라의 기원이 됩니다. 발명의 대가였던 레오나르도 다빈치도 이에 대한 원리를 저서에 남겼어요.

16세기에 서양에서 유행했던 플립 북은 우리에게도 익숙하죠. 여러 페이지에 연속적인 이미지를 그려 빠르게 넘기면, 신기하게도 움직이는 것처럼 보입니다. 아마 여러분들도 이런 놀이를 해본 경험이 있을 거예요. 플립 북은 인간 시각의 특징인 잔상 효과를 이용한 것이었지요.

이 밖에도 빛으로 이미지를 반사시키는 '매직 랜턴', 원반을 돌려서 양쪽 그림을 겹쳐 보이게 하는 '더마트로프', 회전을 이용한 애니메이션 장치인 '페나키스토스코프' 등이 개발되었어요. 그러다가 1891년 마침내 우리에게도 잘 알려진 발명왕 토머스 에디슨과 윌리엄 딕슨이 카메라인 '키네토그래프'와 촬영물을 볼 수 있는 '키네토스코프'를 발명하면서 영화의 시대가 열려요. 그러나 아쉽게도 키네토스코프는 한 번에 한 사람만 볼 수 있었어요. 상자처럼 생긴 영사기 안을 들여다보는 방식이었거든요. 그래서 길게 줄을 서서 기다리다가 한 사람이 영화를 다 보고 나가면 그다음 사람이 보았어요.

이때만 해도 영화는 대중적이지 않았어요. 한마디로 돈 많은 사람의 특별한 오락이었죠. 그러다 뤼미에르 형제가 '시네마토그래프'를 발명하면서 영화사에 혁명이 일어납니다. 이들은 촬영과 영사 기능을 결합한 장치를 개발했어요. 덕분에 여럿이 동

키네토스코프를 통해
영화를 관람하는 사람

시에 영화를 보게 되었습니다. 진정한 의미의 영화가 탄생한 거예요. 한날한시에 모두가 모여 영화를 본다는 것은 어마어마한 일이었어요.

뤼미에르 형제가 촬영한 영화는 프랑스 파리의 '카페 그랑'에서 상영했습니다. 관람료는 1프랑이었어요. 커피를 마시며 예술을 이야기하는 곳이던 카페 그랑은 역사적 장소가 되었어요. 사람들은 영화가 상영된 1895년 12월 28일은 '영화 탄생의 날'로 기념합니다. 이날 상영된 영화는 〈기차의 도착〉이었는데 1분도 안 되는 짧은 시간이었어요.

그날로 돌아가 볼까요? 방방곡곡에서 사람들이 영화를 보려고 몰려듭니다. 이윽고 시작 시간이 되고, 실내 불이 꺼집니다. 사람들은 긴장했어요. 영사기가 돌아가자 놀라운 일이 일어나요. 기차역에 기차가 서 있는가 싶더니 갑자기 관객들을 향해 달려들어요. 순간 관객들은 외마디 비명을 지르며 자리에서 일어납니다. 가만히 있다가는 기차에 깔려 죽을 거로 생각했으니까요. 그렇게 영화는 끝이 납니다. 불이 켜지자 사람들은 안도하면서 색다른 경험에 매우 즐거워했습니다.

그런데 이 영화에는 소리가 빠져 있었어요. 오로지 영상만 볼 수 있었지요. 배우도 등장하지 않았습니다. 기차 경적 소리도 없고 배우의 연기도 없었어요. 단순하게 현실을 그대로 찍어서 관객들에게 보여 주었을 뿐이에요.

〈기차의 도착〉은 일대 사건이었습니다. 이날은 영화의 생일이 되었지요. 우리는 미술이나 음악, 그리고 소설이 언제 생겨났는지 알지 못해요. 그렇지만 영화는 달랐죠. 우리가 생일을 알고 기억하는 최초의 예술이 되었습니다.

이날 영화를 본 사람 중에는 극장을 운영하는 마술사 조르주 멜리에스가 있었어요. 멜리에스는 이 영화에 자극을 받아, 독창적인 영사기를 개발하고 스스로 영화를 만들었습니다. 그러다

영화 〈달나라 여행〉의 한 장면

판타지 영화의 시초가 된 공상 과학 영화를 처음으로 세상에 선보이게 되죠. 바로 〈달나라 여행〉이에요.

영화를 사랑한 멜리에스는 마술사로서의 기지를 발휘해, 당시로서는 파격적인 장면을 선보였어요. 우주선을 타고 달나라 여행을 떠난 과학자들, 사람의 얼굴 모습을 한 달, 달에 도착한 사람들을 비추는 별들과 전투 장면에 이르기까지 지금 보아도 놀라운 영화를 만들었어요.

〈달나라 여행〉은 공상 과학 영화의 문을 활짝 연 작품으로 평가받고 있어요. 장면을 전환할 때, 점점 어두워지다가 사라지는 효과인 '페이드아웃'도 여기서 처음 쓰였어요. 멜리에스는 카페 그랑에서 처음 영화를 만났고, 그 영향을 받아 만든 영화는 판타지 영화의 시초가 되었습니다.

상상이 현실이 된다면

이제 영화는 특별한 사람들의 전유물이 아니라 누구나 즐기고 경험하는 문화가 되었어요. 영화는 영상과 소리로 빚어낸 예술입니다. 이를 통해 우리가 상상도 못 한 것들을 보여 주기도 하지요. 영화는 우리의 완고한 편견을 무너뜨리고 속 좁은 마음을 돌아보게 합니다. 또 우리가 동경하는 영웅을 만나게 해 줍니다.

영화 속 영웅은 하늘을 높이 솟아올라 드넓은 우주를 날아다니고, 심지어는 별 사이를 넘나들기도 합니다. 때로는 과거 역사의 인물이 홀연히 나타나 말을 건네기도 합니다. 대한민국 국민이 존경하는 위인이 등장해 그 시대를 다시 비춰 주기도 하죠.

세종대왕과 이순신 장군은 영화 속에서 부활하고 다시 기억됩니다. 한 번도 가본 적 없는 에베레스트산을 영화 속에서는 단숨에 올라갈 수 있어요. 빙하기에 살아 보기도 하고, 매머드가 살았던 시대를 여행하기도 합니다.

지구인인 우리는 우주와 외계인에 대해 많은 상상을 했습니다. 넓디넓은, 그래서 그 끝을 도저히 알 수 없는 우주에 인간만이 살지는 않을 거로 생각해요. 지구의 미래를 그려 보다가 그동안 인간이 자연에 대해 저지른 악행이 무서운 보복으로 돌아올지도 모른다고 걱정합니다.

이런 생각들은 모두 영화로 만들어져요. 1982년에 개봉한 스티븐 스필버그의 작품 〈ET〉는 지구인과 외계인이 만나서 우정을 나누는 내용이에요. 그런데 영화를 만들 때 주인공인 외계인을 어떤 모습으로 그릴지 고민했다고 합니다. 결국 작품에 등장하는 외계인 ET의 얼굴은 과학자 아인슈타인과 미국의 시인 칼 샌드버그, 어니스트 헤밍웨이의 얼굴을 합쳐서 만들었다고 해요. 그 외에는 전부 상상력을 동원해 만들어집니다. 거칠고 울퉁불퉁한 피부에 머리카락은 한 올도 없고 커다란 눈, 짧은 다리에 비해 지나치게 긴 팔을 가지고 있죠. 이렇게 영화는 우리가 본 적 없는 외계인을 그려 냈고 많은 이들의 마음을 사로잡았지요. 외계인 ET는 40여 년이 지난 지금도 여전히 우리의 다정한 친구로 남아 있습니다.

영화에는 무서운 외계 생명체도 등장합니다. 1979년에 리들리 스콧 감독의 〈에일리언〉이 개봉했을 때 사람들은 깜짝 놀랐습니

영화 〈ET〉
출처: 유니버셜 스튜디오

다. 영화에 등장하는 외계인은 그동안 상상해 온 외계 존재의 모습을 뛰어넘었습니다. 훨씬 괴기스럽고 끔찍했어요. 인간을 숙주 삼아 번식한다는 설정은 커다란 충격이었습니다. 사람들은 사람 몸속에서 에일리언이 튀어나오는 장면을 보며 경악했어요. 극적인 스토리와 충격적인 설정으로 〈에일리언〉은 주목받는 공상 과학 영화가 되었습니다.

에일리언의 특별한 점은 이전 영화와 달리 여성을 수동적 인물로 그리지 않았다는 데에도 있습니다. 그동안 영화에 등장하던 여성과 달리 여기서는 에일리언과 처절하게 싸우는 전사로 그리고 있어요. 이런 설정은 여성에 대한 세상의 선입견을 바꾸기 시작했죠. 이후로도 여성이 강인한 전사로 등장하는 영화가 등장하면서 사람들의 관심을 받았어요.

걸작으로 손꼽히는 〈에일리언〉은 이후 시리즈로 제작되면서 우주와 외계인에 대한 영화인들의 상상력을 자극했어요. 이처럼 영화는 그 영화 한 편으로 끝나지 않아요. 또 다른 영화로 이어지고, 그러면서 새로운 세계를 만들어요. 세계관은 점점 더 확장되고 사람들은 그다음을 궁금해하며 극장을 찾습니다.

보통 사람들이 우주를 꿈꾸기 훨씬 이전부터 영화는 우주를 상상했습니다. 우주로 가는 비행선이 나오고 외계인이 등장했지요. 이러한 상상은 아름답고 흥미로웠으며 때로 잔혹하기도 했어요. 인류의 본성이나 기원, 우주와 인간에 대한 심오한 질문을 던지기도 했습니다.

이처럼 영화는 오래전부터 우주를 꿈꾸며 인류를 달과 별들의 세계로 안내했어요. 그리고 상상은 현실이 되었지요. 영화 속에서 우주를 탐험하고 여행하던 인류는 실제로 위성을 우주로 띄워 보내고 직접 달 표면에 발자국을 남기게 되었습니다.

영화에 소리와 색을 입히다

1달러도 안 되는 5센트, 니켈로디언의 혁명

프랑스에서 태어난 영화는 미국으로 건너가면서 산업으로 성장합니다. 미국에서 영화는 대규모 행사장이나 부유층이 쇼를 즐기던 '보드빌 카페'에서 상영되었어요. 상영 시간도 지금보다 훨씬 짧아서 길어야 15분 정도였지요. 사람들은 새로운 볼거리인 영화를 즐기기 시작했어요. 영화업자들이 필름과 영사기를 직접 들고 여러 도시를 방문했습니다. 여기저기를 떠돌다 보니 비용도 많이 들고 이윤도 생각만큼 많지 않았어요.

그러다 1905년에 영화만을 위한 공간인 극장이 생겨납니다. 입장료도 5센트짜리 동전(미국에서는 이를 '니켈'이라 부릅니다) 하나로 충분했어요. 그래서 사람들은 이런 극장을 '니켈로디언'이라고 불렀어요. 저렴한 영화 전용 공간은 영화사에서 또 다른 혁명이 되었죠. 극장은 순식간에 미국 전역으로 퍼졌고 그만큼 관객 수도 늘어났습니다.

이후 제1차 세계 대전이 발발하고 전쟁터가 된 유럽은 힘든 시기를 보냅니다. 영화를 즐길 만한 상황이 아니었어요. 그러나 멀찌감치 거리를 두고 있는 미국에서는 상대적으로 영화가 번성합니다. 1907년 5000여 곳이던 극장은 3년 사이에 두 배로 늘어나요. 관객들의 호응이 폭발적이었으며 특히 미국 노동자들에게 영화는 삶의 일부로 자리 잡습니다.

무성 영화에서 유성 영화의 시대로

초기 영화는 소리가 없었어요. 영화 속에서 배우가 입을 벌리며 뭐라고 말해도 관객은 들을 수 없었습니다. 대신 화면 가득히 자막이 나왔어요. 비명도 글로 읽어야 했습니다. 영화 음악도 따로 없어서 이 시기에는 객석 맨 앞에서 오케스트라가 영화 장면에 맞춰 곡을 연주했습니다.

당시 모습들을 전하는 영화가 있는데 2011년 개봉한 무성 영화인 미셸 하자나비시우스 감독의 〈아티스트〉라는 영화입니다. 감독은 이 작품에서 무성 영화가 유성 영화로 가는 과정을 보여줍니다. 영화에서 제작사 대표는 작심한 듯 배우에게 말합니다.

"이젠 세상이 변했다고. 유성 영화의 시대가 왔어. 사람들은 새

얼굴을 원해. 말을 하는 얼굴 말이야. 나도 아쉬워. 하지만 신선해야 통해."

그러자 배우가 말합니다.

"사람들은 나를 보러 오는 거예요. 소리를 들으러 오는 게 아니라고요."

그러나 배우의 이런 생각은 새로운 흐름 앞에서 통하지 않았어요. 유명한 찰리 채플린조차도 이런 변화를 받아들이는 데 주저했습니다. 그러나 결국은 〈모던 타임스〉를 끝으로 유성 영화로 돌아섰지요.

여러분도 찰리 채플린이 등장하는 영화를 본 적이 있나요? 영국 빈민가에서 태어나서 자란 그는 알코올 중독자인 아버지의 냉대와 아픈 어머니 밑에서 혹독한 어린 시절을 보냈어요. 그 후 미국으로 건너가 배우 생활을 합니다. 영화에서 떠돌이 방랑자로 등장하면서 대중의 사랑을 받습니다. 모자를 쓰고 지팡이를 짚은 채플린의 독특한 모습은 가난하지만 순수하고 정의로웠던 사람들을 대변했습니다.

여러분도 한 번쯤 보았을 거예요. 우스꽝스러운 표정과 콧수염, 챙 좁은 모자와 좁은 어깨, 헐렁한 바지와 낡은 구두에 지팡이를 든 모습 말이에요. 그런데 당시 채플린에게 경쟁자가 한 명 있었습니다. 바로 버스터 키튼이라는 배우였지요. 그 역시 무성 영화계의 주역이었지만 유성 영화로 바뀌면서 묵직한 목소리 때문에 제작사로부터 영화 출연을 거절당합니다.

무성 영화 시대의 전설 버스터는 긴 세월을 방황하며 보내야 했어요. 그러다 새로운 기회를 맞습니다. 라이벌이던 채플린이 그에게 자신의 영화 〈라임라이트〉에 출연을 제안합니다. 이를 계기로 새롭게 영화 인생을 시작하게 되지요. 덕분에 채플린과 키튼은 지금까지 위대한 배우로 기억되고 있습니다. 이렇듯 영화는 무성의 시대에서 유성의 시대로 넘어가요.

세계 최초의 유성 영화는 1927년 개봉한 〈재즈 싱어〉예요.

"잠깐, 잠깐만. 아직 넌 아무것도 못 들었다니까."

영화에 등장하는 이 대사는 당시 관객들의 탄성을 자아내게 합니다. 생생한 배우의 목소리가 들려왔으니까요. 아무 소리도 없이 영상만 보여 주던 지난 영화와는 너무도 달랐어요. 최초로 영화에 목소리를 입힌 〈재즈 싱어〉는 흥행에서도 엄청난 성공을 거둡니다. 여전히 자막과 무성 영화적 요소가 남아 있었지만, 그것만으로도 엄청난 충격을 주었지요.

영화 역사에서도 이 영화는 분기점이 됩니다. 뒤이어 〈푸른 천사〉, 〈오페라의 밤〉 등 수많은 유성 영화가 개봉합니다. 다만 당시에는 동시 녹음 기술이 없어서 촬영을 먼저 하고 나중에 배우가 목소리를 녹음했어요.

세계 최초의 장편 유성 영화
〈재즈 싱어〉

장면에 소리를 입히면서 영화는 크게 성공했고 대중과 더욱 가까워졌습니다. 여기서 끝이 아니에요. 영화는 흑백에서 벗어나 생생한 색의 시대로 접어듭니다. 1960~1970년대에 컬러 영화로 변신해요. 지금 여러분들이 보는 대부분 영화가 그렇지요. 흑백으로 찍은 예전 영화에 디지털 기술로 색을 입히기도 한답니다. 물론 지금도 흑백 작품이 나와요. 예를 들어 이준익 감독의 〈자산어보〉가 그렇습니다.

이후로 다양한 기술이 적용되면서 필름 영화에서 디지털 영화로, 스리디(3D) 카메라를 활용한 입체 영화, 냄새와 촉감까지 느끼도록 한 4차원 영화, 스마트폰으로 찍은 영화 등이 선보이고 있어요. 다양한 기기와 기법이 영화 생태계를 풍부하게 하고 있습니다.

한국 영화의 르네상스

우리나라도 무성 영화의 시대를 지나왔어요. 당시 영화의 대사는 배우가 아니라 목소리 연기자인 '변사'가 맡았습니다. 그 당시 변사는 대우도 좋고 지금의 아이돌만큼이나 인기가 높았답니다.

우리나라에는 영화의 날이 있어요. 그날은 바로 김도산 감독의 1919년 작 〈의리적 구토〉의 개봉일인 10월 27일이지요. 이 영화는 일제 강점기 일본 자본이 판치던 시기에 박승필 단성사 사장이 당시로서는 거금인 5000원을 투자해서 만든 '연쇄극'이었습니다. 연쇄극이란 영화와 연극이 결합한 형태를 말해요.

〈의리적 구토〉는 우리나라 배우들의 실제 연기와 '활동사진'으로 만들어졌어요. 그래서였을까요? 영화에서 경성 시내 장면이 나오면 관객들이 엄청난 호응을 보냈다고 해요. 단성사는 1907년에 우리나라 최초로 세워진 본격 상설 영화관이었습니다. 일제 강점기 민족 영화를 상영하여 많은 사랑을 받았지요.

1930년대의
단성사 모습

©서울역사박물관

1926년 나운규가 감독 및 주연과 시나리오를 맡은 〈아리랑〉도 단성사에서 상영되었습니다. 무성 영화 시대였던 만큼 악단과 변사가 관객석 앞에서 음악과 대사로 분위기를 고조시켰어요. 특히 마지막 장면에서 '아리랑'이 흘러나올 때면 관객들도 함께 울면서 따라 불렀다고 합니다.

암울했던 일제 강점기에 영화 〈아리랑〉은 민족의식을 고취했고 흥행에도 크게 성공했어요. 단성사 앞에는 영화를 보려는 사람들로 장사진을 이루었고, 덕분에 장기간 상영되었습니다. 인기가 많다 보니 이후로도 여러 번 다시 만들어졌어요. 이렇듯 〈아리랑〉은 한국 영화사에 기념비적인 작품으로 남게 되었습니다.

한국 영화의 역사는 이제 100년이 넘습니다. 그동안 발전에 발전을 거듭해 왔어요. 오늘날 한국 영화는 전 세계를 무대로 새로운 역사를 쓰고 있습니다. 아카데미, 칸 등 세계적인 영화제에서 연기상, 작품상, 감독상 등을 받는 등 전성기를 맞고 있어요.

세상을 바꾼 영화들

영화는 우리에게 새로운 세상을 보여 주었습니다. 평범한 일상을 새로운 시각으로 비추며 우리가 미처 생각하지 못한 것들을 깨우쳐 주었어요. 그중에는 우리가 사는 지구에 관한 고민도 있었습니다. 환경 문제에 심각한 경고를 던졌지요. 사실 인간은 지금껏 '만물의 영장'이라 큰소리치며 환경을 훼손하고 생명을 함부로 대해 왔어요. 그 오만함과 무자비함은 결국 재앙으로 이어질 수 있어요. 오늘날 전 지구적 기후 위기로 생명이 파괴되고 우리의 생존까지 위협하고 있어요.

그동안 지구는 여러 차례 대멸종의 시기를 겪었습니다. 엄청나게 크고 힘센 공룡이 멸종했고 코끼리보다 강한 매머드도 이제는 볼 수 없어요. 슬프고 가슴 아픈 일이지만 어쩔 수 없는 자연스러운 변화였습니다. 그러나 최근 나타나고 있는 생물의 멸종은 전적으로 인간의 책임이 커요. 화석 연료를 써서 지구 온난화를 심화시키고 숲과 바다를 오염시켰기 때문이에요. 그런데도 인간은 여기에 대해 아무런 책임을 지고 있지 않아요.

오늘날 계속되고 있는 생태계 위기는 인간에게 멈추라고 경고하고 있어요. 이대로 지구 온난화와 환경 파괴가 이어진다면 우리도 더는 살아갈 수 없을 거라고 말이에요.

영화는 이런 경고에 오래전부터 응답했어요. 환경 파괴와 인간 문명의 위기를 소재로 한 수많은 시나리오가 쓰였고 영화로 만들어졌습니다. 지구 멸망, 인간 멸종 등은 영화에서 자주 등장하는 소재입니다.

대표적으로 조지 밀러 감독의 2015년 작인 〈매드 맥스: 분노의 도로〉가 있습니다. 이 영화는 핵전쟁으로 황폐해진 세상을 잘 보여 주고 있습니다. 문명이 파괴되고 자원이 부족해진 상황에서 인간들은 물과 기름을 두고 서로 싸워요. 사막화된 지구, 기괴한 모습을 한 사람들, 폐허가 된 문명 등 이 영화는 암울한 미래 사회를 영화적 상상력을 더해 구체적으로 보여 줍니다. 케빈 레이놀즈 감독의 1995년 작인 〈워터월드〉도 비슷한 모습을 보여 줍니다. 대홍수로 인간 문명이 멸망하고 지구는 온통 물바다가 되었다는 설정을 하고 있어요.

사람들은 이런 영화들을 보면서 커다란 충격을 받았습니다.

영화 〈매드 맥스: 분노의 도로〉
출처: 워너 브러더스 코리아(주)

비록 현실이 아닌 영화이기는 하지만, 설마 했던 일들을 생생하게 목격했으니까요. 환경이 파괴되고 문명이 사라진 지구에서 살아가는 인간의 모습은 애잔하고 처절했죠. 실제로 이런 일이 언제든 일어날 수 있다고 생각하면 얼마나 참담하고 절망적일까요.

〈매드 맥스〉 시리즈에서 사람들은 버려진 차들을 개조한 기괴한 모양의 차를 타고 풀 한 포기 나지 않는 사막을 달립니다. 이러한 설정은 오늘날 고층 빌딩이 늘어선 도시와 대비되면서 황량함을 더하고 있어요. 영화는 우리가 매일 소비하는 물을 가진 자가 권력을 잡는다는 설정을 통해 우리가 소중한 자원을 낭비하고 있음을 역설적으로 말해 줍니다.

영화적 상상력은 시공간을 초월합니다. 미래에만 머물지 않아요. 과거로 돌아가 현재의 우리를 돌아보게 합니다. 그러면서 오늘날 우리의 삶을 어떻게 바꿔야 하는지를 일깨워요.

여러분, 혹시 〈살인의 추억〉이라는 영화를 아시나요? 이 영화와 〈그놈 목소리〉, 〈도가니〉, 〈이태원 살인 사건〉 등의 공통점은 무엇일까요? 이들은 공통적으로 과거에 있었던 범죄 행위와 이로 인한 사회적 고통에 대해 말하고 있습니다. 영화는 잔혹한 살인 사건이나 장애인을 대상으로 한 집단 범죄 행위들을 소재로 하면서 과거의 기억을 살려내 오늘날 정의에 관해 묻고 있어요. 우리가 현재를 행복하게 살려면 불의에 침묵하지 말아야 한다고 말하고 있는 거예요.

특히 실화를 바탕으로 했기에 그 울림은 더욱 큽니다. 사회적 반향도 컸어요. 영화를 본 사람들은 어떻게 저런 일이 일어날 수 있었는지 생각해 보게 되었어요. 우리 사회가 함께 반성하고 아파할 수 있는 계기를 만들었습니다. 여론이 높아지자 관련 법과 제도를 정비할 만큼 파급 효과도 컸었죠.

봉준호 감독의 〈살인의 추억〉은 2003년 개봉작인데, 1986년

부터 1991년 사이에 있었던 화성 연쇄 살인 사건을 다룬 영화였어요. 당시 정부의 무능함과 시민의 희생을 생생하게 보여 주었죠. 실제로 영화를 본 많은 시민이 재수사를 요구할 정도였어요.

특히 형사가 카메라를 정면으로 바라보는 마지막 장면은 매우 인상적입니다. 끝까지 범인을 추적해서 잡고 말겠다는 주인공인 형사의 마음을 잘 보여 주고 있어요. 아마 봉준호 감독도 그렇게 말하고 싶었을 거예요.

황동혁 감독의 〈도가니〉도 우리 사회의 어두운 곳을 비춘 영화입니다. 실화를 바탕으로 한 이 영화에서 범죄자들은 사회적으로 그럴듯한 신분을 활용합니다. 권력과 유착하고 정의와 사랑이라는 가면 아래 각종 범죄를 저질러요. 어린아이들에게 성폭력을 저지르고 잔인한 매질로 철저하게 인권을 짓밟습니다.

어떻게 다른 곳도 아닌 '복지 시설'에서 이런 일이 벌어질 수 있었을까요? 영화는 묻습니다. 사회적 약자를 보호해야 할 사람들이 오히려 끔찍한 범죄를 저지르고 이를 용인하는 지금의 법과 제도를 그냥 두어도 되는지 말이에요. 영화는 권력을 가진 자들이 어떻게 약자들을 괴롭히는지, 범죄자들이 어떻게 진실을 감추고 군림하며 살 수 있는가를 잔인할 만큼 사실적으로 보여줬어요. 재판 중에도 버젓이 거짓말을 일삼고, 돈과 권력을 휘둘러 재판을 자기들에게 유리하게 만들어 갔어요. 시민들은 이런 장면들을 보면서 분노를 느끼지 않을 수 없었죠.

청각 장애인 아이들에게 극악무도한 짓을 한 범죄자들은 제대로 된 처벌도 받지 않고 평소와 다름없이 살아갑니다. 오히려 피해자들은 재판 이후에도 고통에서 벗어나지 못해요. 하지만 영화에 공감한 수많은 사람이 성폭력에 대한 강력한 처벌과 재발 방지를 요구하면서 상황이 바뀌기 시작해요. 여론이 높아지자 결국 법을 바꾸게 됩니다.

일명 '도가니법'이라고 불리는 이 법은 아동과 장애인에 대한 성폭력 범죄 처벌을 강화하고 있어요. 영화가 준 충격이 세상을 바꾼 거예요. 우리 스스로가 세상을 폭력으로부터 지켜내야 한다는 공감을 불러일으켰습니다. 영화는 세상을 바꾸어 나가는 힘이 되고 있습니다.

인공 지능과 영화의 미래

'인공 지능'은 우리에게 친숙한 단어입니다. 특히 이세돌 9단과 인공 지능 알파고의 바둑 대결이 유명하지요. 세계가 관심을 가지고 지켜봤습니다. 그 결과는 다소 충격적이었죠. 인공 지능이 4승 1패로 승리했습니다.

인공 지능은 멀리 있지 않아요. 스마트폰, 내비게이션, 자율 주행 차, 의료 기기 등 현실에서 이미 수많은 인공 지능이 쓰이고 있습니다. 이들 덕분에 우리 생활이 더욱 편리해지고 있지요.

그렇다면 영화에서는 어떨까요? 영화 속 인공 지능은 다정한 친구에서 인간 멸종을 꿈꾸는 악역까지 다양한 모습으로 등장합니다. 이를 통해 '인간이란 무엇인가?' 라는 철학적인 질문을 던지기도 하죠.

오랫동안 인간은 신과 같은 창조자가 되고 싶은 열망을 숨기

메리 셸리의 소설 『프랑켄슈타인』을 원작으로 1931년 상영된 영화 〈프랑켄슈타인〉

지 않았어요. 소설을 영화로 만든 〈프랑켄슈타인〉이 그렇습니다. 주인공인 빅터 프랑켄슈타인 박사는 인간을 닮은 생명체를 만들었지요. 마치 지금의 인공 지능처럼 말이에요. 〈프랑켄슈타인〉에 등장하는 생명체는 '괴물'의 대명사가 되었지만, 여기에는 인간 정체성에 관한 질문이 담겨 있어요. 인공 지능도 마찬가지입니다. 인공 지능은 생명체일까요, 아닐까요? 인간이 아니라면 우리 마음대로 해도 되는 존재일까요? 인공 지능에도 인권이 적용될까요? 여기에 대한 사람들 의견은 매우 다양합니다.

베스트셀러 『사피엔스』로 유명한 인류학자 유발 하라리는 인공 지능의 부정적 측면을 지적합니다. 인류 운명에 대한 결정권을 인공 지능에 뺏길 가능성이 있다고 우려하고 있어요.

이와 관련하여 일본의 로봇 공학자 모리 마사히로는 '불쾌한 골짜기' 이론을 통해 인간은 자신과 닮은 존재를 싫어한다고 주장해요. 실험에 따르면 인간과 엇비슷한 인공 지능에 대해서는 친밀한 감정을 느끼다가도 구분이 안 될 정도로 정말 똑같은 인공 지능에 대해서는 섬뜩하거나 두려운 느낌을 가진다고 해요. 정말 그런 거 같지 않아요?

장난감처럼 생긴 로봇이 인간처럼 말하면 귀엽고, 로봇 청소기가 바닥을 쓸고 다니면 우리의 수고를 덜어 주는 좋은 기계라고 생각하지요. 반면에 영화에 인간과 구분이 되지 않는 인공 지능 로봇이 등장하면 무섭지 않을까요?

만약 인공 지능에 대한 아무런 고민 없이 기술만 발달한다면 앞으로 어떻게 될까요? 우리 생활이 편리해지겠지만 갈등과 다툼도 있을 거예요. 실제로 과거 산업 혁명 초기에 그런 일이 있었습니다. 인간과 기계의 한판 대결이 벌어졌어요. 19세기 초반 영국에서 있었던 '러다이트 운동'이 바로 그것입니다. 당시 산업 혁명으로 섬유 기계들이 등장하면서 사람들이 일자리를 잃게 되지요. 이에 분노한 노동자들이 기계 파괴 운동을 벌입니다.

이렇듯 과학의 발전은 늘 좋은 결과만 가져오지 않아요. 인공 지능의 출현과 발전은 앞으로 인류에게 깊은 고민을 안겨 줄 거예요. 영화도 마찬가지입니다. 오래전부터 인간을 대신하는 기계를 등장시켜 왔지요. 과학 기술이 열어 주는 미래가 인간 존재에 어떤 영향을 미칠지에 대한 철학적 고민을 반영한 것이에요.

그런데 특이하게도 인공 지능을 부정적으로 그리는 영화가 많아요. 인간을 위협하는 악역으로 등장합니다. 인간이 만들었지만 결국 인공 지능을 통제하는 데 실패하죠. 인공 지능은 스스로 발전을 거듭하면서 인간의 능력을 압도합니다. 마침내 인간을 위협하고 전쟁을 벌이죠. 대표적으로 〈터미네이터〉 시리즈를 꼽을 수 있습니다.

1984년 개봉한 제임스 카메론 감독의 〈터미네이터〉는 암울한 미래 세계를 배경으로 합니다. 인공 지능 컴퓨터에 의해 핵전쟁이 일어나 인류가 사실상 멸망하지요. 살아남은 인간은 인공 지능의 노예로 전락하게 됩니다. 영화에서 '터미네이터'는 인공 지능 로봇으로 인간과 똑같은 외모를 가졌지만, 훨씬 강력한 힘으로 인간을 위협합니다. 심지어 시간 여행 기술도 갖고 있어요. 생존자들은 저항군을 결성해 기계 군단에 맞서 싸웁니다. 이 영화는 기대 이상의 흥행을 거두면서 이후로 시리즈로 제작되었습니다.

기계와 인간 그리고 인공 지능과 인간은 앞으로 어떤 관계를 맺게 될까요? 〈터미네이터〉처럼 적대적인 관계가 될까요, 아니면 서로 공생하게 될까요?

영화에는 피노키오처럼 인간이 되고 싶어 하는 인공 지능이 등장하기도 합니다. 이를 통해 인간과 '인간이 창조한 인간을 닮은 존재'의 관계를 성찰해요. 〈AI〉는 2001년에 개봉한 스티븐 스필버그 감독의 영화입니다. 인공 지능 로봇이 주인공으로 등장해요. 영화의 첫 장면은 바다를 배경으로 다음과 같은 자막이 올라오면서 시작합니다.

"온실가스 때문에 빙산이 전부 녹아 버린 뒤였다. 해수면이 높아져 전 세계의 많은 도시가 물에 잠겼다. 암스테르담, 베니스, 뉴욕은 영원히 사라졌다. 수백만 명의 사람들이 터전을 잃었고 곳곳에 이상 기후가 나타났다. 가난한 나라의 수억 명이 굶주렸지만 선진국은 어느 정도 삶의 수준을 유지할 수 있었다. 엄격한 임신 허가제를 도입했기 때문이다. 그래서 로봇이 인간을 대신했다. 로봇은 배고픔도 모르고 한번 생산되면 더는 자원을 소비하지 않기 때문에 점점 인간 사회, 경제에 깊은 영향을 미치며 꼭 필요한 존재가 되어 갔다."

영화에서 로봇을 생산하는 기업의 과학자가 회의에서 다음과 같이 말합니다.

"부모를 사랑하는 로봇 아이를 만들 것을 제안합니다. 부모로 지정된 존재를 순수하고 영원한 마음으로 사랑하는 로봇 아이를 만듭시다."

'사랑'이라는 인간의 감정을 가진 로봇을 만든 거예요. 그리고 이렇게 만들어진 인공 지능 로봇 '데이비드'는 인간인 부모에게 입양됩니다. 데이비드는 이미 엄마를 사랑하도록 프로그램화되어 있는 상태였지요. 그런데 갑자기 사건이 생깁니다. 불치병에 걸려 냉동시켰던 친아들이 살아서 돌아옵니다. 영화는 인간보다 더 인간 같은 인공 지능 아이와 인간이지만 로봇처럼 차갑고 조금은 사악한 인간 아이를 대비시켜서 보여 주고 있어요.

영화에서 데이비드는 결국 버림받습니다. 데이비드는 엄마에게 "내가 피노키오처럼 인간이 되면 집에 가도 되나요?"라고 묻습니다. 하지만 엄마는 그건 동화일 뿐이라는 냉정한 말을 남기고 떠나 버리지요.

관객들은 이 착한 인공 지능 로봇에 연민을 느끼게 됩니다. 인간을 위해 만들어졌다가 쓸모가 없어지자 버려지는 현실에 슬픔을 느끼지요. 데이비드는 진짜 인간이 되고 싶었습니다. 피노키오처럼 자신도 요정을 만나면 인간이 될 거라 믿었지요. 영화의 슬픈 엔딩은 우리에게 많은 것을 생각하게 합니다.

인공 지능을 소재로 한 영화에서 빼놓을 수 없는 명작이 있습니다. 바로 1982년에 개봉한 영화 〈블레이드 러너〉예요. 필립 K. 딕의 소설을 원작으로 리들리 스콧 감독이 연출한 이 영화는 인간과 인간을 닮은 존재인 '리플리컨트'와의 사랑을 보여 줍니다. 인간보다 더 인간적인 인조인간이 등장하지요. 그러면서 관객들은 인간의 비인간적인 모습을 보면서 다음과 같은 심오한 질문과 마주치게 됩니다. 인간은 다른 존재보다 우월한가? 무엇이 인간을 인간이게 하는가?

영화 속에서 인류의 미래는 긍정적인 '유토피아'가 아닌 부정적인 '디스토피아'(암흑사회)로 그려질 때가 많습니다. 여기에는 오늘을 사는 사람들에게 일종의 경고를 보내려는 의도가 있어요.

2008년 개봉한 애니메이션 〈월·E〉에서 귀여운 로봇이 등장합니다. 이 인공 지능 로봇의 임무는 쓰레기를 치우고 깨끗이 청소하는 거예요. 영화에는 또 다른 로봇인 이브가 등장합니다. 두 로봇은 철저히 파괴된 지구에서 생명을 가진 식물을 찾으러 모험을 떠납니다. 관객들은 지구와 환경을 생각하는, 인간보다 더 인간적인 로봇을 만나게 되죠. 그러면서 소비 중심적인 삶을 살며 지구를 쓰레기장으로 만드는 우리 자신을 돌아보게 돼요.

영화는 인류의 미래에 깊은 관심을 보입니다. 미래 사회를 배경으로 하는 수많은 영화가 만들어졌고, 여기에 등장했던 미래는 어느덧 현실이 되고 있어요. 과거 영화에 나오던 가상 현실과 인공 지능은 더는 미래의 이야기가 아닙니다. 영화에 담긴 지구인의 현재와 역사는 우리 자신을 돌아보게 합니다. 그러면서 동시에 영화적 상상력으로 현실을 바꾸고 미래를 만들어 가고 있어요.

요즘은 '메타버스'라는 새로운 흐름이 나타나고 있습니다. 메타버스는 초월을 뜻하는 '메타'와 세상을 뜻하는 '유니버스'의 합성어예요. '확장된 가상 세계'로 현실에서 할 수 있는 모든 일이 가능한 디지털 공간을 말합니다. 앞으로 우리가 맞이할 세계는 인공 지능과 메타버스가 만들어 갈 거예요. 그 안에서 인류는 한 번도 경험하지 못한 미래를 맞이할 겁니다.

가상 세계는 지금도 우리 삶에 큰 영향을 발휘하고 있습니다. 우리는 매일매일 스마트폰 안에서 펼쳐진 가상 세계 안에서 소통하며 울고 웃고 있습니다. 영화도 이런 흐름을 반영하고 있어요. 프랑스 철학자 들뢰즈의 지적처럼 세상은 영화가 되고 있습니다.

영화와 극장은 어떤 관계인가요?

앞서 영화의 탄생을 설명하면서 극장 이야기를 했어요. 뤼미에르 형제가 카페를 극장으로 활용해 많은 관객이 한꺼번에 영화를 볼 수 있게 만들었죠. 이때부터 극장과 영화는 불가분의 관계를 맺게 되었습니다. 오랫동안 '영화는 극장에서 보는 것'이었습니다.

그런데 이런 방식에 변화가 생겼어요. '비디오테이프'가 발명되면서 사람들은 영화를 거실에서 텔레비전을 통해 보게 되었습니다. 우리나라도 예전에는 동네마다 영화 비디오테이프를 빌려주는 가게들이 있었죠. 사람들은 일정 금액을 내고 가게에서 보고 싶은 영화를 빌려 왔습니다. 그렇지만 이때도 여전히 극장은 영화를 보는 최고의 공간이었어요. 영화와 극장은 바늘과 실처럼 밀접했습니다.

그런데 이런 영화와 극장의 관계가 새로운 전환점을 맞습니다. 바로 넷플릭스, 유튜브 같은 실시간 동영상 서비스의 등장 때문입니다. 우리는 이제 집에서는 물론 거리에서도 편안하게 휴대폰으로 영화를 즐길 수 있게 되었어요. 이처럼 인터넷을 통해 영화는 물론 다양한 볼거리를 제공하는 서비스를 오티티(OTT)라고 합니다.

게다가 코로나19 사태로 사람이 모일 수 없게 되자, 극장에 가는 대신 혼자서 휴대폰이나 노트북 등으로 영화를 보는 사람들이 늘어났어요. 시대 상황과 기술 발전이 맞물리면서 영화와 극장의 관계가 크게 바뀌고 있는 거예요.

2017년에 이와 관련한 논쟁이 있었습니다. 제70회 칸 국제 영화제 공식 경쟁 부문에 봉준호 감독의 영화 〈옥자〉가 초청된 적이 있습니다. 그런데 이때 프랑스의 극장 배급업자가 이의를 제기해요.

영화 〈옥자〉의 제작사는 오티티 업체인 넷플릭스였습니다. 극장 상영을 목적으로 하는 영화가 아니라고 지적해요. 극장 입장에서는 인터넷에서 언제든 볼 수 있게끔 만들어진 영화를 반길 수 없었던 겁니다. 그는 극장 상영을 원칙으로 하는 영화를 선정해야 하는 칸 영화제에 〈옥자〉가 초청되는 것은 부당하다고 주장합니다. 그렇지만 여기에 동의하는 사람은 오늘날 많지 않아요.

영화는 극장에서만 상영되어야 할까요? 현실은 이미 다양한 플랫폼에서 영화를 볼 수 있습니다. 여기서 '플랫폼'이란 마치 열차를 타는 승강장처럼 서비스를 원하는 사람과 공급하는 쪽이 함께 모이는 환경 혹은 시장을 말합니다. 예전에는 극장이 영화와 관객이 만나는 플랫폼이었다면 지금은 '인터넷'이 그 역할을 하고 있는 거예요. '플랫폼'은 지금 이 순간에도 진화하고 있습니다. 그렇다고 해서 극장에서 영화를 보는 특별한 경험을 부정하려는 건 아니

영화 〈옥자〉
출처: 넷플릭스

에요. 극장만의 장점이 있습니다. 스마트폰보다 훨씬 큰 화면에서 영화를 볼 수 있어요. 음향 시설도 잘 갖추어져 관객이 영화를 감상할 최적의 환경을 마련하고 있어요.

영화를 사랑했던 한 사람의 성장기를 감동적으로 보여 준 영화 〈시네마 천국〉에 나오는 낡은 영사기와 마을 극장의 추억은 점점 사라지고 있지만, 새롭게 진화하겠지요. 요즘 극장은 이색적인 관람 공간이나 영화 외에 다양한 문화를 즐길 수 있는 복합 문화 공간으로 확장되고 있어요. 앞으로 극장과 오티티 서비스가 공존할 방법들도 생길 거라고 생각해요. 그러면서 영화 산업은 새로운 옷으로 갈아입고 관객들과 더 가까워지겠지요. 또 영화 플랫폼이 다양해질수록 영화는 더 발전할 가능성이 커요.

제94회 아카데미 시상식에서는 오티티 상영 영화가 주요 상을 받았습니다. 영화제에서도 극장 상영작과 동등한 대우를 받고 있어요. 오티티에 상영되는 영화에 회의적인 반응을 보였던 미국 영화감독 스티븐 스필버그도 오티티 업체와 제휴하는 등 극장 상영만을 고수하는 일은 과거의 추억이 되고 있어요.

영화와 만날 수 있는 방식이 다양해지면서 영화는 더욱 대중과 가까워질 거예요. 영화와 극장의 관계에는 많은 변화가 있겠지만, 과거 텔레비전이 나오면 극장이 사라질 거라는 전망이 기우에 불과했듯, 극장은 새로운 모습으로 발전을 거듭할 거예요.

3장

영화로 보는 인문학 이야기

〈기생충〉, 자본주의 사회의 민낯

2019년에 개봉한 영화 〈기생충〉은 전 세계를 흔들어 놓습니다. 봉준호 감독은 이 영화로 칸 영화제에서 황금 종려상을 수상합니다. 아카데미 영화제에서는 작품상 등 네 개 부문을 차지하면서, 세계 영화계의 중심에 서게 되었어요. 이처럼 세계가 〈기생충〉에 환호한 이유는 무엇일까요.

"가장 개인적인 것이 가장 창의적인 것입니다."

봉준호 감독은 아카데미 시상식 자리에서 마틴 스코세이지 감독의 말을 인용해 이렇게 말합니다. 존경하는 감독에 대한 경의를 표하면서 자신의 영화 철학을 밝힌 거예요. 그렇다면 여기서 말하는 '가장 개인적인 것'이란 무엇일까요? 아마도 지금 이 시대를 살아가는 우리 개인 하나하나의 모습이 아닐까요? 그러니까 바로 우리의 일상 즉, 구체적인 현실을 잘 다루면 창조적인 영

영화 〈기생충〉
출처: (주)바른손E&A

화가 된다는 이야기로 해석할 수 있습니다.

그러면 오늘날 우리 공동체의 모습은 과연 어떨까요? 지극히 평등하고 공정하며 아름다울까요? 아니면 반대로 불평등하고 추악한 모습일까요? 도대체 우리가 사는 자본주의 사회는 어떤 모습을 하고 있을까요?

영화 기생충은 이러한 질문을 깊이 있게 파고듭니다. 영화는 주인공 기택의 반지하 집에서 시작합니다. 햇빛이 잘 들지 않아 어둡고 비좁은 곳에서 주인공 가족은 힘들게 살아갑니다. 전파가 잘 안 잡혀 변기 위에 올라가서 핸드폰을 이리저리 돌려 보는 장면은 서글픈 느낌마저 주지요. 노상 방뇨를 하려는 취객을 창문을 통해 조마조마한 마음으로 지켜보지만 어찌해 볼 도리가 없어요.

그러던 중 기택의 아들 기우가 친구 추천으로 부잣집인 박 사장의 딸을 가르치는 과외 교사로 들어가게 됩니다. 이어서 동생 기정이와 아버지 기택 그리고 어머니 충숙까지 차례로 박 사장 집에 들어가 일을 하게 되지요. 가족 모두가 그 집에 얹혀살게 됩니다.

영화의 제목 '기생충'은 박 사장 가족에게 기생하는 기택 가족의 상황을 가리킨다고 할 수 있습니다. 하지만 '숙주'라고 할 수 있는 박 사장 가족과 대립하지 않습니다. 기택 가족은 어떻게 해서든지 박 사장 가족의 신임을 얻으려 애쓰죠. 거짓말은 물론이고 살인까지 감수하면서 말이에요. 박 사장은 기택에게서 이상한 냄새가 난다며 면박을 주지요. 기택과 그 가족들은 그 냄새가 반지하의 냄새, 바로 가난의 냄새라고 생각합니다. 그래서 더욱 반지하를 벗어나려고 발버둥 치지요.

영화는 이미 박 사장 집에 살고 있던 문광 부부가 등장하면서 새로운 국면에 접어듭니다. 새롭게 이 집에 얹혀살려던 기택 가족과 비밀스럽게 그 안에서 살고 있던 문광 부부가 대립하면서 이야기는 흥미를 더해 갑니다. 이 영화가 보여 주는 가장 큰 반전이었죠. '숙주' 하나를 놓고 두 '기생충' 가족의 대결이 이어집니다. 영화는 우리에게 묻습니다.

"진짜 기생충은 누구인가요?"

"계층 간 갈등을 해결할 수 있는, 가난한 사람도 부자가 될 수 있는 사다리가 있기는 한 건가요?"

열심히 일하면 누구나 부자가 될 수 있다는 거짓말과 사탕발림에 우리가 너무도 쉽게 넘어가는 건 아닌지 고민하게 합니다.

영화는 백팩을 맨 채 박 사장 집으로 걸어가는 기우의 뒷모습을 보여 줍니다. 그는 끝없이 위로 올라가고 또 올라가죠. 자동 대문이 열리면 또다시 문이 나옵니다. 그 문을 지나고 나서 계단을 올라가요. 이 장면은 마치 우리가 신분 상승을 위해 끝없이 위로 올라가지만, 그 장벽이 너무도 높음을 암시하는 듯해요. 반대로 기정과 기우가 집으로 돌아오는 장면을 볼까요? 이들은 비를 맞으며 계단을 내려가고 또 내려갑니다. 끝없이 이어지는 계단을 통해 빈부격차를 상징적으로 보여 주고 있습니다.

가난한 기택의 집은 장마를 견디지 못합니다. 집에 도착했을 때는 쏟아진 비로 수많은 반지하 주택이 침수되고 있었어요. 비슷한 처지의 수많은 사람이 물을 퍼내고 있었죠. 기택의 집도 예외는 아니었습니다. 온 집 안이 빗물에 잠기고 화장실의 변기가 역류해서 아수라장이 되었어요. 결국 기택 가족은 체육관에 차려진 긴급 대피소로 가게 됩니다.

영화의 마지막 장면은 매우 충격적인데요. 살해당한 박 사장과 살인범이 된 기택, 그리고 기정의 죽음을 보여 줍니다. 이후 박 사장이 살던 커다란 집은 외국인으로 주인이 바뀌고, 기택은 지하실에서 숨어 살아요. 나중에 모스 부호로 아버지의 존재를 알아차리게 된 아들 기우가 말합니다. "아버지 저는 오늘 계획을 세웠습니다. 근본적인 계획입니다. 돈을 벌겠습니다. 아주 많이요. 돈을 벌면 이 집부터 사겠습니다. … 아버지는 그냥 계단만 올라오시면 됩니다. 그날이 올 때까지 건강하세요. 그럼 이만." 그는 돈을 벌어 이 집을 사들이겠다는 계획을 전해요. 그러면서 쓸쓸한 엔딩 음악과 함께 영화는 끝이 나요.

관객 중에 기우의 계획처럼 그들이 이 집을 사게 될 거로 생각하는 사람은 많지 않았을 거예요. 그래서 더 안쓰럽게 느껴졌을지도 모릅니다. 오늘날 우리 사회는 계층 간 이동 사다리가 치워진 지 오래입니다. 그만큼 부의 세습이 견고해서 그 벽을 무너뜨리기가 쉽지 않다는 것을 사람들은 이미 알고 있어요.

그렇다면 여기서 우리가 물을 수 있습니다. 진짜 기생충은 누구일까요? 남의 집에 얹혀사는 기택일까요? 아니면 그들의 노동으로 안락함을 누리는 박 사장 가족일까요? 기택 가족을 숙주 삼아 편안하게 사는 박 사장 가족이야말로 진짜 기생충이 아닐까요? 반지하에 사는 수많은 사람이야말로 진짜 숙주인지도 모릅니다.

우리는 자본주의 사회에 살고 있습니다. 자본주의는 우리에게 더 많이 소비하고 더 많이 소유하라고 부추겨요. 그러면서 부자에게 유리한 규칙을 강요하지요. 그러면서 부자는 더욱 부자가 되고 가난한 사람은 점점 가난에서 벗어나기 힘들어집니다. 우리 사회는 빈부격차가 매우 심각해요. 소수의 상류층과 다수의 하류층으로 나뉘어 있지요. 마치 봉건 사회처럼 보이지 않는 계급의 벽이 우리 사이에 가로놓여 있는지도 모릅니다. 양극화된 사회에서는 가진 자가 못 가진 자를 무시하거나 경멸하는 일이 쉽게 일어납니다. 이는 공동체의 갈등과 위기를 조장하는 원인이 됩니다. 우리나라는 여기에서 얼마나 자유로울까요? 영화 〈기생충〉은 우리 사회의 슬픈 민낯을 여지없이 보여 주고 있습니다.

〈매트릭스〉, 우리가 사는 세상이 진짜일까?

우리가 사는 세상은 진짜일까요? 많은 사람이 그렇다고 대답할 겁니다. 지금 내가 입는 옷, 먹는 음식들 모두 만질 수도 있고 냄새도 맡을 수 있으니 당연한 일이지요. 하지만 가끔은 가상 현실과 현실이 구분되지 않을 때가 있습니다. 그럴 때면 이런 생각이 들기도 하죠. '컴퓨터로 시뮬레이션이 되어 있는 가상 세계에서 살면서, 진짜 세계에서 살고 있다고 착각하는 것은 아닐까?' 그런데 이런 상상이 터무니없지는 않아요.

학자들은 앞으로 점점 더 현실과 가상을 구분하기 어려워질 거라고 합니다. 우리가 사는 세상이 마치 게임 같은 가상 세계처럼 될 거로 예측하는 사람들이 늘어나고 있어요. 실제로 우리는 지금 현실과 가상을 넘나들며 살고 있어요. 가상 세계가 현실을 압도하는 경우도 종종 생기지요. 그래서일까요?

영화 〈매트릭스〉
출처: 워너브러더스 코리아(주)

2022년 초에는 페이스북의 모회사인 메타가 가상 세계 속 인간이랄 수 있는 '아바타' 간 성희롱을 방지하기 위한 대책을 발표했습니다. 현실에서 적용되는 사회적 규칙을 가상 세계에서도 똑같이 적용해야 할 만큼 그 영향력이 커진 것이지요. 이제 '매트릭스'는 허구의 세상이 아니라 곧 다가올 인류의 미래일지도 모른다는 생각을 하게 됩니다.

영화 〈매트릭스〉는 1999년 개봉되어 제72회 아카데미 시상식에서 편집상, 음향 믹싱상, 음향 편집상, 시각 효과상을 수상한 작품입니다. 워쇼스키 자매가 연출한 이 작품은 가상 세계와 우리가 사는 세상에 대한 새로운 인식과 미래를 보여 준 영화로 평가받았어요. 흥행에도 성공하면서 시리즈로 계속 만들어졌습니다.

〈매트릭스 1〉과 〈매트릭스 2〉를 통해 영화의 세계관을 들여다볼까요? 영화의 시대적 배경은 서기 2199년입니다. 인간은 인공 지능에 지배당하고 있고 '매트릭스' 안에서 살고 있어요. 인간의 기억조차도 인공 지능에 의해 삭제되거나 만들어지는 가상 세계예요.

인류는 인공 자궁 안에서 '재배'되고 자신들이 가상 세계에 있다는 것을 전혀 모르고 살아갑니다. 이 사회를 위협하는 존재는 인공 지능에 저항하는 모피어스예요. 모피어스는 인류를 구원할 영웅을 찾아내는데, 그가 바로 주인공인 네오입니다.

모피어스는 네오를 처음 만났을 때 "매트릭스는 모든 곳에 있다"고 말하죠. 이 방 안에도 창밖에도 심지어는 텔레비전 안에도 있다고 합니다. 그러면서 매트릭스는 진실을 못 보도록 눈을 가리는 세계라고 말합니다. 네오가 모피어스에게 진실에 대해 물을 때 모피어스는 이렇게 말해요.

"너도 다른 사람과 마찬가지로 모든 감각이 마비된 채 감옥에서 태어났지, 네 마음의 감옥."

그런 다음 모피어스는 알약 두 개를 내밀어요. 그중에 하나를 선택하게 하죠. 파란 약은 지금처럼 매트릭스 안에서 안락하게 살아가는 삶을 살게 하고, 빨간 약은 진실을 깨닫는 대신 힘든 현실 속에서 살게 합니다. 네오는 빨간 약을 선택하고 진실과 마주합니다. 바로 인공 지능에 의해 양육되고 있는 자신과 인류의 모습이었죠.

매트릭스는 인류의 미래를 처참한 디스토피아로 그리고 있어요. 그러면서도 주인공 네오를 통해서 인간의 자유 의지와 진정한 삶을 돌아보게 합니다.

매트릭스에는 가짜 세계에 사는 수많은 사람이 등장합니다. 어떤 사람은 진실을 알고 현실에 저항하려 하고 누군가는 안락한 가상 현실에 안주합니다. 이 두 세계 사이에서 갈등하는 인물도 있지요. 관객들은 이들을 통해 인간 존재의 근원에 대해서 고민하게 되죠.

매트릭스를 유지하려는 세력은 스미스 요원을 시켜 네오를 공격합니다. 스미스는 수많은 스미스로 분화, 복제되고 어디든 쉽게 이동하는 초능력자의 모습을 하고 있습니다. 인간적인 면이라곤 찾아볼 수 없지요. 저항군의 핵심인 모피어스는 선지자 오라클을 찾아갑니다. 그에게 자신의 믿음처럼 네오가 진짜 구원자인지 물어요. 오라클은 자신도 모르겠다고 말해요. 다만, 선택할 때가 올 거고 그때 선택하라고 답합니다.

네오에게는 두 개의 이름이 있었어요. 하나는 가짜 세계에서 평범한 회사원이자 프로그래머로 사는 앤더슨이고 다른 하나는 현실 세계의 네오입니다. 네오는 앤더슨이라는 '가짜'를 버리기로 합니다. 자신을 제거하려고 찾아온 스미스 요원 앞에서 자신의 이름은 네오라고 선언하지요. 네오는 앤더슨이 아닌 네오의 길을 가기로 결심하고 자기 존재에 대한 믿음과 사랑을 가지게 됩니다. 이렇게 해서 네오는 진정한 인간 존재이자 구원자가 될 수 있었던 것이죠.

영화에서 그려지는 네오와 트리니티의 사랑 그리고 모피어스를 살리기 위한 희생 등은 매트릭스와 대비되는 '인간성'을 확연히 보여 주는 지점이라고 할 수 있어요.

사람들은 말합니다. 인류는 앞으로 가상 세계와 현실 세계를 오가며 살거나, 가상 세계에서 현실 세계처럼 살게 될 거라고 말이에요. 앞으로 인류에게 닥칠 미래가 고통스러운 디스토피아가 아닌 행복한 유토피아가 되려면 무엇보다 인간 존재에 대한 깊은 성찰이 필요합니다.

이런 상황에서 공상 과학 영화는 계속해서 인간이란 무엇인가 하는 질문을 관객에게 던질 거예요. 그 물음에 우리 스스로가 대답해야 합니다. 이런 고민은 우리가 인간다움을 잃지 않으면서 공동체 안에서 평안하게 살아갈 힘이 될 것입니다.

영화 〈매트릭스〉 1편은 네오가 가상 세계를 뚫고 하늘 위로 거침없이 날아오르며 끝이 납니다. 자유 의지를 가진 인간 존재로서 세상에 대해 의문을 제기하는 것 자체가 이미 '매트릭스'라는 감옥에서 벗어나고 있다는 신호가 될 거예요. 정해진 프로그램대로 산다면 영영 벗어나질 못할 테니까요.

〈매트릭스〉 2편에서는 가상 세계를 만든 설계자와 네오가 대화하는 장면이 나오는데요. 굉장히 인상적입니다. 설계자는 모든 인간의 선택을 통제할 수 있는 프로그램을 만들었지만 실패했다고 고백하죠. 그렇다면 완벽한 듯 보였던 이 시스템에 오류가 일어난 이유는 무엇이었을까요? 자기에게 유리한, 합리적인 선택을 하지 않은 네오와 같은 이른바 '변종' 때문이었죠.

네오는 설계자에게 "나를 조정할 수 없어!"라고 외칩니다. 그리고 도피처인 시온의 인간들을 구할 것인가 아니면 사랑하는 트리니티를 구할 것인가를 두고 고민하다가 결국 사랑하는 사람을 구하는 '선택'을 합니다. 이런 네오의 불합리한 선택은 또다시 시스템의 붕괴를 가져오게 되지요.

〈매트릭스〉에서 컴퓨터 프로그램이 인간을 이기지 못하는 가장 결정적 이유는 무엇이었을까요? 바로 '인간성'입니다. 기계는 반복적이고 예측 가능한 특성을 가지지만 인간은 그렇지 않습니다. 인류를 구하기보다는 사랑하는 사람을 구하는 선택을 예측할 수 있을까요? 평범하지 않은 네오의 선택 때문에 매트릭스는 실패하게 되는 것이죠.

〈매트릭스〉는 우리에게 '인간이란 무엇인가?' 하고 묻습니다. 우리가 사는 세상이 어쩌면 매트릭스일지도 모른다는 상상력이 던진 이런 질문들이 우리를 더욱 인간적인 인간으로 남게 할 거예요.

〈어벤져스: 인피니티 워〉, 타노스의 고민

여러분은 히어로 영화를 좋아하나요? '마블 시리즈'로 대표되는 이들 영화는 악당을 물리치고 지구의 평화를 위해 싸우는 다양한 영웅들이 등장합니다. 특히 전 세계적으로 흥행에 성공한 〈어벤져스〉 시리즈는 아이언맨 같은 캐릭터로 유명합니다. 그런데 여기에는 영웅들만 등장하는 게 아니에요. 우리가 '빌런'이라 부르는 악역들도 상당히 많지요.

〈어벤져스〉 시리즈에서 최강의 '빌런'은 바로 타노스예요. 타노스는 단순한 악당으로 여기기에는 복잡한 면모를 보여 주고 있어요. 우선 그 힘이 매우 막강합니다. 헐크는 물론 그 어떤 〈어벤져스〉 영웅들도 그와 싸워 이길 수가 없을 정도지요. 보통 고생은 하더라도 어차피 마지막에는 '우리 편'이 이기는 기존 영화의 공식에서 벗어나 있습니다.

영화 〈어벤져스: 인피니티 워〉
출처: 월트 디즈니 컴퍼니 코리아

타노스의 목적은 인류 파괴입니다. 우주에서 인류의 수를 반으로 줄여야 한다고 생각해요. 명분은 자원이 한정된 우주를 살리기 위해서예요. 타노스는 자기 개인의 이익을 위해서가 아니라 우주를 위한다고 말해요. 그런데 이와 비슷한 이야기를 우리는 오래전에 들은 적이 있습니다. 바로 영국의 경제학자 맬서스의 주장이 그랬어요.

그는 “인구는 기하급수적으로 증가하는데 이에 비해 식량 생산은 산술급수로 증가하기 때문에 적절히 산아 제한을 하지 않으면 인류는 과잉 인구 때문에 멸망할 수밖에 없다"고 주장해요. 자원은 한정되어 있고 식량 생산도 한계가 있으니 인구를 줄여야 한다는, 어찌 보면 단순한 이야기이지요. 문제는 방법이에요. 그가 말한 '예방적 억제'는 출산율을 줄이는 것이지만, '적극적인 억제'는 좀 무시무시합니다. 전쟁과 기근 그리고 전염병을 방치하는 거였어요. 그래서 맬서스는 빈민 구제를 반대했어요. 어차피 인구를 줄여야 하니 죽게 내버려 두자는 것이었어요.

영화 속 타노스가 한 것과 비슷한 이러한 주장은 시간이 흐르면서 오류임이 드러났어요. 인류의 생산력은 맬서스가 생각하는 것보다 훨씬 많이 증가했거든요.

우주의 자원이 한정되어 있으니 이를 소비하는 인류를 줄이자는 게 맞는 말일까요? 철학적, 경제학적 측면에서 살펴볼 필요가 있어요. 타노스가 왜 그렇게 생각하는지는 영화에서 직접적으로 드러나지 않습니다. 하지만 타노스 같은 주장을 하는 사람들에게는 이런 질문이 가능합니다. "자원이 넉넉하면 모두가 행복해질 수 있는가?" 답은 '그렇지 않다'입니다.

스위스 사회학자 장 지글러는 "생산된 식량의 상당량을 버릴 정도로 먹을 게 넘쳐나는데 왜 굶어 죽는 사람이 이처럼 많은가?" 하고 묻습니다. 그는 책에서 10살 미만의 아이들이 5초에 1명씩 죽어가는 현실은 결코 식량이 '부족해서'가 아니라고 말해요. 문제는 자본주의 시스템의 독점과 탐욕입니다.

과연 영화 속 타노스가 이런 이야기를 귀담아들을지 알 수 없지만, 적어도 식량 문제만큼은 해결할 수 있다는 점은 분명합니다. 인류가 서로 힘을 모으면 지구에서 굶어 죽는 사람은 없어질 수 있어요. 그러려면 시스템을 바꾸어야 합니다. 자원이 없어서가 아니라 나누지 않아서 생기는 현상이기 때문입니다. 한쪽에서는 음식을 버리고 한쪽에서는 굶어 죽는 현실을 그대로 두는 건 너무나 슬픈 일이에요.

우주의 번영과 행복을 위해서 한정된 자원을 인류가 함께 누리는 것은 불가능한 일일까요? 맬서스가 그랬던 것처럼 타노스의 생각에도 많은 오류가 있습니다. 어차피 먹을 게 한정되어 있으니 입을 줄이자는 생각은 결국 범죄로 이어져요.

타노스는 '핑거스냅'으로 인류의 절반을 사라지게 합니다. 여기에는 어떤 구분도 없어요. 부자라고 해서 봐주지 않습니다. 나름대로 차별하지 않는다는 자기 기준이 있는 거예요. 타노스는 〈어벤져스〉의 최고 악당이지만 자기 입장에서 보면 진심으로 우주를 걱정하는 존재입니다.

영화는 자신의 계획대로 인류의 절반을 죽인 타노스가 한가로운 전원 풍경을 바라보는 장면으로 막을 내립니다. 이 영화는 잘못된 판단이 정의의 이름으로 행해졌을 때 그 결과가 얼마나 참혹한지를 보여 줍니다.

어벤져스와 타노스는 모두 똑같이 우주의 미래를 걱정했어요. 다만 방법에서는 크게 차이가 났습니다. 어벤져스는 타노스처럼 생명을 대량 살상하는 방법을 결코 용인하지 않습니다. 반면에 타노스는 우주의 미래를 빌미로 우주를 파괴하는 빌런이 되지요.

영화 속 이야기이긴 하지만 시사하는 바가 큽니다. 인류는 지금도 많은 문제를 겪고 있어요. 한정된 자원을 너무 많이 소비하는 바람에 환경이 파괴되고 지구 공동체가 위기에 휩싸였습니다. 지구 한쪽에서는 아직도 굶어 죽는 사람들이 있어요.

생산력과 생산량은 그 어느 때보다도 증대되었는데도 가난한 사람들이 많아요. 우주 자원의 한계를 걱정하며 사랑하는 딸까지 버려야 했던 '역대급 빌런', 타노스는 이렇게 말합니다.

"어려운 선택일수록 강한 의지가 필요해."

어려운 문제일수록 올바른 방법을 찾으려면 그의 말처럼 의지가 필요할 거예요. 비록 그는 잘못된 방법을 선택했지만 '어벤져스'인 우리는 달라야 합니다. 그런 의미에서 자원의 독점을 막고 공존과 공생을 모색하는 것이야말로 우리가 가야 할 길이 아닐까요.

〈아바타〉,
생명을 존중하는 세계관

세상에는 혐오와 차별, 무시와 폭력이 난무합니다. 그러나 다행히도 여전히 생명을 사랑하고 존중하는 사람들이 있어요. 그런 사람들이 좀 더 많아질 때 우리 사회는 좀 더 살 만해지겠지요. 이런 바람들이 반영된 영화를 한 편 소개하지요. 바로 제임스 카메론 감독의 2009년 작 〈아바타〉입니다.

〈아바타〉는 아름답고 사랑이 가득한 영화입니다. 영화는 나무와 숲, 세상의 모든 존재가 아름다운 생명으로서 존중받아야 한다고 말해요. 서로 의지하고 돌보는 삶이 얼마나 소중한 일인지를 잘 그려내고 있지요.

첨단기술을 잘 활용하는 감독으로 유명한 제임스 캐머런은 〈아바타〉에서 웅대하고 섬세한 서사를 펼치며 3D 영화의 신기원을 열었다는 평가를 받습니다. 그럼 〈아바타〉가 얼마나 새롭

영화 〈아바타〉
출처: (주)해리슨앤컴퍼니

고 획기적인 영화인지를 한번 살펴볼까요?

서기 2154년 지구는 자원 고갈과 극심한 오염으로 죽어가고 있습니다. 거대 기업은 지구와 비슷한 외계 행성 판도라의 값비싼 광물을 차지하려고 해요. 주인공 제이크는 사고로 하반신 마비가 된 해병대 군인 출신입니다. 그런데 과학자인 쌍둥이 형이 죽자 그 대신 '아바타 프로그램'을 제안받아요. 참고로 '아바타'는 "가상 세계나 사이버 공간에서 활동하는 분신"을 뜻합니다.

제이크는 아바타가 되어 '나비족'을 만납니다. 나비족인 네이티리는 제이크에게 많은 것을 가르쳐 줘요. 영화에서 제이크는 다음과 같이 소감을 말합니다.

"나는 그들과 자연의 깊은 교감을 이해하려고 노력한다. 네이티리는 항상 세상 만물에 흐르는 에너지의 흐름을 이야기하며 모든 에너지는 잠시 빌린 것이며, 언젠가는 돌려줘야 한다고 말한다."

제이크는 나비족과 교감하면서 그들의 삶에 깊은 감동을 받습니다. 나비족은 사냥을 할 때조차도 동물을 형제로 대하며 고마운 마음을 표현하지요. 그러면서 제이크는 생명에 대한 무한한 감사를 배웁니다.

영화 〈아바타〉에서 모든 사람은 두 번 태어난다고 합니다. 한 번은 생물학적 태어남으로 보통 우리가 생각하는 '출산'이에요. 두 번째 태어남은 모두에게 자신의 가치를 인정받는 순간 이루어집니다. 현실에서 다리가 불구인 제이크는 아바타가 되어 튼튼한 두 다리로 뛰고 걷습니다. 아바타로서 나비족과 동화되어 살면서, 진정한 교감과 생명의 가치를 깨닫게 되지요.

이들의 맞은편에는 거대 기업이 있습니다. 이들은 구식 무기인 활을 사용하는 나비족을 경멸해요. 자신들이 가진 폭탄과 무기로 판도라의 나무와 숲을 파괴하고 나비족을 학살합니다. 그 과정에서 나비족 네이티리의 아버지가 죽어요. 죽은 아버지를 끌어안고 절규하는 네이티리의 모습을 본 제이크는 맞서 싸우기로 결심합니다. 전설의 괴물인 토루크를 타고 하늘을 날아다니는 최강 전사 '토루크 막토'가 되지요.

그렇게 전쟁 중에 영혼의 나무 앞에서 노래를 부르는 나비족 앞에 나타납니다. 그러고는 나비족과 함께 판도라의 모든 생명체와 전투에 나서지요. 판도라를 뺏으려는 인간의 탐욕과 무자비함에 맞서 싸웁니다. 판도라의 땅과 하늘의 거대한 동물들이 함께 저항하고 싸워서, 결국 이방인들을 그들의 땅인 죽어가는 지구로 돌려보냅니다. 〈아바타〉는 우리가 사는 세상을 돌아보게 하는 영화였어요. 영화의 마지막 장면은 아바타로 영혼을 옮기는 의식을 치르고 나서 나비족이 된 당당한 제이크의 얼굴을 보여 줍니다.

'판도라'는 영화적 상상력에 의해 탄생한 거대한 행성이에요. 영화를 위해 '나비족'과 그들의 언어뿐만 아니라 새로운 행성을 창조하고 그 안에 있는 동물과 식물들, 신성한 나무의 씨앗 하나하나까지 구현했다고 합니다.

판도라의 자연은 우리 지구를 떠올리게 합니다. 그러면서 관객들은 무심히 지나치던 나무와 숲 그리고 토끼나 참새, 강아지 같은 생명들이 어느 것 하나 소중하지 않은 것이 없다는 점을 자각하게 되죠.

우리도 영화 속 나비족처럼 자연과 깊은 관계를 맺을 수 있습니다. 그들처럼 생명의 말을 알아듣고, 그들을 존중하며 감사할 줄 아는 마음이 우리 내면에 있어요. 영화 〈아바타〉는 이처럼 신성한 나무 한 그루를 우리 가슴 속에 심어 놓았습니다.

〈하울의 움직이는 성〉, 외모가 아닌 마음이 중요해

미야자키 하야오 감독의 〈하울의 움직이는 성〉은 스튜디오 지브리의 대표작으로 개봉한 지 꽤 시간이 흘렀음에도 많은 사랑을 받고 있습니다. 영화를 본 관객들의 마음에 지워지지 않는 감동과 추억을 남기면서 말이에요. 영화의 내용을 한번 살펴볼까요.

모자 가게에서 일하는 소피는 어느 날 우연히 골목길에서 곤경에 처하게 됩니다. 이때 잘생긴 마법사 하울이 그를 구해 줍니다. 하울과 헤어져 가게로 돌아온 소피는 영문도 모른 채 '황야의 마녀'에게 저주를 받게 되죠. 18살 소녀였던 소피는 순식간에 늙은 할머니의 모습으로 변해 버려요.

소피는 거울 속 노인에 너무도 놀란 나머지 도망치듯 빠져나와 무작정 황무지로 가게 됩니다. 그곳에서 우연히 만난 허수아비의 도움으로 '하울의 성'으로 가게 되지요. 소피는 더럽고 먼지

영화 〈하울의 움직이는 성〉
출처: 스튜디오 지브리

가득한 하울의 성을 깨끗이 청소합니다.

그런데 어느 날 하울이 목욕을 하다 말고 뛰쳐나와요. 소피가 청소를 하다가 선반 위를 건드리는 바람에 주술이 잘못되어 머리카락 색이 바뀌었다며 머리를 움켜쥐고 울면서 말합니다.

"이런 치욕적인 일이! 이제 다 끝이야. 아름답지 않으면 살 의미가 없어."

그러면서 어둠의 정령을 불러내지요. 이를 본 소피가 화를 내며 말합니다.

"외모 때문에 삶을 끝낸다고? 난 예뻤던 적이 한 번도 없었어!"

소피는 성을 뛰쳐나와 서럽게 웁니다. 그런데 이게 웬일일까요? 그러자 소피는 조금은 젊고 건강해진 모습이 된 거예요! 소피는 다시 씩씩하게 돌아와 하울을 목욕탕으로 데려갑니다.

머리카락 색깔이 조금 바뀌었다고 인생이 끝난 것처럼 절망하는 하울의 모습이 어쩐지 낯설지 않아요. 마치 외모 지상주의가 판치는 우리 사회 같지 않나요? 하울의 모습은 우리에게 익숙합니다. 사람들은 점점 더 다른 사람에게 비치는 자기 모습에 집착합니다. 영화는 이런 생각이 얼마나 허황한 것인지를 보여 주고 있죠.

하울과 달리 소피는 늘 모자를 쓰고 다닙니다. 자신감이 없어서 그렇게라도 얼굴을 가리고 싶었던 거예요. 저주로 할머니의 외모가 되었으니 얼마나 기가 막혔겠어요. 그런데 영화에서 소피의 외모는 마음 상태에 따라 바뀝니다. 소피가 솔직하고 당당하게 속내를 밝힐 때, 진심으로 사랑할 때면 얼굴은 점점 젊어지고 환해집니다. 겉모습보다 내면의 아름다움이 중요하다는 말을 하고 있는 것이죠.

소피는 하울을 도와주려고 마법사 설리번을 만나러 왕궁으로 향합니다. 그 길에 황야의 마녀와 다시 마주치지요. 할머니의 모습을 한 소피는 개를 안고 높은 계단을 씩씩하게 올라갑니다. 반면에 황야의 마녀는 얼마 가지 못해 비지땀을 흘리며 괴로워해요. 그러면서 소피에게 "너는 왜 그렇게 팔팔한 거냐?"며 이상하다고 해요. 화려하게 치장한 황야의 마녀는 몰골이 점점 끔찍하게 변해 갑니다.

설리번을 만난 소피는 자신을 하울의 어머니라고 속이죠. 설리번은 왕실 전속 마법사로 한때 하울의 선생님이었습니다. 설리번은 하울이 악마에게 마음을 빼앗겨 황야의 마녀처럼 될 거라고 합니다. 그러면서 국왕을 위해 일하지 않는다면 하울의 모든 힘을 빼앗겠다고 선언해요. 소피는 이에 당당하게 맞섭니다.

"하울이 마음을 잃었다니요. 이기적이고 겁쟁이에다 생각이 없어 보여도 하울은 솔직하고 자유롭게 살려고 할 뿐이죠. 하울은 여기에 오지도 마왕이 되지도 않을 거고, 악마와의 관계는 스스로 정리할 거예요."

이 말을 하는 동안 소피는 할머니에서 소녀의 모습으로 돌아옵니다. 그러자 설리번은 "어머님은 하울을 사랑하는군요." 하고 말해요. 소피가 이를 부인하자 또다시 할머니의 모습으로 돌아옵니다. 이렇듯 소피는 자신의 감정에 솔직하거나 용기 있게 행동했다가도, 다시 주저앉고 자신의 감정을 숨기려 해요. 그때마다 외모도 젊음과 늙음을 오가지요. 하울이 데려간 비밀의 정원에서 소피는 말합니다.

"난 네가 괴물이라도 괜찮아. 하울에게 힘이 되고 싶어. 비록 예쁘지도 않고 청소밖에 못 해도."

하울도 소피를 지키기 위해 싸워 나가지요. 영화 〈하울의 움직이는 성〉은 평범하고 자존감 낮은 한 소녀가 난관을 헤쳐 나가며 성장하는 모습을 보여 줍니다.

자기 스스로 못났다고 여기며 주눅 들어 살던 소피는 마침내 저주를 풀고 당당히 자신의 삶을 찾습니다. 그 과정에서 자기감정에 솔직해지는 법을 배우지요. 이처럼 외모에 내린 저주를 축복으로 바꾼 것은 바로 '사랑'이었어요. 소피의 놀라운 변화를 보면서 관객들은 많은 것을 생각하게 됩니다.

우리가 삶을 살다 보면 '최악'이라고 느끼거나, 정말 피하고 싶은 일을 만날 때가 있습니다. 마치 황야의 마녀가 내리는 저주처럼 말이에요. 하지만 영화를 본 사람들이라면 주인공 소피처럼 잘 해낼 수 있을 거예요. 여러분 모두는 자기 자신을 긍정하면서 멋있고 당당하게 난관을 헤쳐 나가는 사람이 되어야 해요.

외모에 집착하기보다는 자신만의 장점을 발견하고 스스로를 아끼고 사랑해야 합니다. 그게 멋진 인생의 첫출발이에요. 영화 〈하울의 움직이는 성〉은 이러한 삶의 진실을 감동적으로 보여 주고 있어요.

영화를 제대로 보고 싶어요

세상에는 수많은 영화가 있습니다. 독특한 이야기로 우리를 다양한 길로 안내하지요. 그 길을 따라 걷다 보면 큰길이 나올 때도 있고, 작은 오솔길이 나올 때도 있어요. 영화가 선사하는 다채로운 풍경은 우리에게 즐거움과 재미를 가져다줍니다. 그런데 한편으로는 영화가 오락이나 재미에만 빠져 있다는 비판을 듣기도 합니다.

영화를 단순한 오락거리로 비판하는 사람들은 영화를 보면 생각이 없어진다고 말해요. 하지만 그렇지 않아요. 우리가 '영상'을 보며 이야기를 따라가려면 '이해력'이 있어야 합니다. 그래서 영화를 보면서도 우리는 많은 것들을 배울 수 있어요. 마치 동영상 강의를 들을 때처럼 말이에요. 물론 그렇지 않은 경우도 있습니다. 요즘은 각종 특수 효과 등 화려한 그래픽으로 무장한 영화들이 압도적으로 많아요. 이런 영화들은 우리가 생각할 틈을 주지 않아요. 그래서 돈을 벌기 위해 흥밋거리 위주로 제작되는 대형 제작사의 영화를 무비판적으로 받아들였다가는 정말 생각이 없어질지도 몰라요.

그러므로 아무리 재미있는 영화라도 비판적인 시각을 갖고 보아야 합니다. 특히 인공 지능과 빅데이터 등 첨단 기술이 발전하면서 콘텐츠 공급자가 우리의 선택을 '조종'하는 경향이 강해지고 있습니다. 넷플릭스나 유튜브를 보면 잘 알 수 있지요. 우리가 어떤 영상을 검색하거나 시청하면 '알고리즘'을 통해 비슷한 특성의 영상물을 계속 띄워 줍니다. 이런 기술은 능동적인 선택을 가로막아요. 새로운 시도를 차단합니다. 익숙한 콘텐츠를 소비하게끔 만들기 때문이에요. 과거의 선택에 기반하기에 편향될 수밖에 없습니다.

그러면 새로운 영화를 만날 기회가 더 적어지겠지요. 선입견과 자기 취향에서 벗어나면 세상이 넓어집니다. 우리에게는 영화를 보는 비판적인 시선과 함께 열린 마음이 필요해요. 항해를 시작하는 선장의 눈처럼 세상을 있는 그대로 온전히 바라볼 필요가 있습니다.

미디어로서 영화는 그 파급력이 상상을 초월합니다. 이를 잘 알고 있던 정치인들은 영화를 수단화했지요. 독재를 정당화하거나 미화하는 도구로 이용했습니다. 독일의 배우이자 감독인 레니 리펜슈탈이 대표적입니다. 그는 자신의 영화적 재능을 히틀러 신격화에 사용했어요.

다큐멘터리 영화 〈의지의 승리〉를 만들어 나치와 파시즘 독재를 찬양했습니다. 수많은 독일 국민은 이런 영화를 비판 없이 받아들였어요. 한 편의 영화는 사람의 마음을 움직입니다. 하지만 그 방향

영화 〈의지의 승리〉의 한 장면

이 잘못되면 우리 모두가 커다란 고통과 상처를 받을 수 있음을 역사는 보여 줍니다.

〈의지의 승리〉는 크게 성공했습니다. 베니스 영화제에서 상도 받았어요. 그렇지만 결과는 참혹했습니다. 독재를 찬양하며 국민의 눈과 귀를 막아 버림으로써 끔찍한 전쟁을 불러왔습니다. 여러분도 잘 알다시피 나치의 집권은 전쟁과 학살로 이어졌습니다. 바로 우리가 영화에 대해 비판적으로 사고해야 하는 이유예요. 아무리 재미있고 감동적인 영화라고 하더라도 한 번쯤은 냉철하게 영화의 내면을 들여다보아야 하죠.

영화의 소재는 다양합니다. 그중에서도 역사적인 사건이나 인물은 영화에서 단골로 등장하는 소재예요. 이런 영화를 볼 때는 역사적 맥락을 파악해야 합니다. 그저 흥밋거리로 다룬 영화는 좋지 않습니다. 영화가 선택한 소재와 장면들이 제대로 역사를 반영하고 있는지를 살펴보는 것이 중요합니다. 왜냐하면 역사는 오늘을 사는 우리에게 매우 중요하기 때문이에요. 역사적 판단과 관점은 현재의 삶에 크게 영향을 미칩니다.

우리 영화에 자주 등장하는 역사적 인물인 사도 세자의 예를 들어 볼게요. 사도 세자는 영조의 하나밖에 없는 아들로 뒤주에서 죽음을 맞이한 비운의 인물입니다. 사람들은 그를 동정하면서도 정신적으로 매우 불안정했던 인물로 이해합니다. 실제로 궁궐 안 내시와 궁녀 100여 명을 살해했다는 기록이 있을 정도니까요.

보통 사도 세자가 그렇게 된 이유로 당파 싸움을 꼽았어요. 정치적 희생양으로 생각한 거죠. 그래서 영화에는 잘생기고 멋진 배우가 연기하는 사도 세자가 등장하고 관객들은 이를 안타까운 시선으로 바라보는 게 일반적이었습니다.

그런데 이러한 평가와 달리 새롭게 세도세자라는 인물을 해석한 영화가 나왔어요. 이준익 감독의 2015년 작 〈사도〉는 그전과는 다른 영화적 시선을 보여 줍니다. 영화는 아버지와 아들의 갈등, 비극적 가족사를 중심에 놓고 있어요. 이처럼 하나의 역사적 사실도 다양한 관점에서 해석하고 풀어 갈 수 있어요.

역사적 사실을 그리려면 현재적 시각에서 사건을 재구성하는 과정이 필요합니다. 이때 상상력이 역사를 왜곡하지는 않는지 살펴야 해요. 작가의 의도도 중요하고 영화적 표현도 충분히 고민해야 합니다. 그러나 작품 바깥에서 보아야 할 때도 있어요. 영화의 서사를 따르던 걸음을 멈추고 역사적 맥락을 짚어볼 필요가 있어요.

영화를 보는 관객도 마찬가지입니다. 내게 주는 감동도 중요하지만, 영화에 대한 나 자신만의 생각과 입장도 필요해요. 아무 생각 없이 영화를 보면 영화의 메시지를 무비판적으로 받아들일 가능성이 커요. 그래서 비판적인 영화 보기가 필요합니다. 그런데, '비판'은 공격이 아니에요. 애정을 가지고 찬찬히 보고 느끼며 생각하는 것이지요. '비판적 영화 보기'는 영화를 더 깊고 풍부하게 합니다.

비판적 시각으로 영화를 보다 보면, 어느새 자신만의 세계관이 탄탄하게 구축되고 있을 거예요. 영화를 만드는 사람도, 보는 사람도 '생각하는 힘'을 길러야 합니다. 그래야 좋은 영화, 풍부한 상상력을 가진 개성 있는 영화가 더 많아지고, 그걸 알아보는 관객들이 많아지면 좋은 영화들이 더 많이 만들어지겠지요. 비판은 이 땅에 좋은 영화들이 자라나게 하는 고귀한 씨앗입니다.

4장

과거로 가는 시간 여행, 역사와 영화

〈동주〉,
식민지 시대와 청년의 아픔

역사는 영화를 통해 우리에게 더욱 실감 나게 다가옵니다. 영화는 역사를 지나 버린 과거가 아니라 지금 우리 곁에서 진행되고 있는 일처럼 생생히 느끼게 해 줍니다. 그래서 역사와 영화의 제대로 된 만남은 우리에게 공감과 깨달음을 경험하게 합니다.

이준익 감독의 영화 〈동주〉가 대표적인 작품이에요. 〈동주〉의 포스터에는 "빛나던 미완의 청춘, 우리가 기억해야 할 이름"이라 쓰여 있어요. 등장인물인 윤동주와 송몽규가 미소 짓고 있는데, 맑고 아름다운 두 청년의 모습이 우리의 가슴을 울립니다.

일제 강점기에 살았던 동주와 몽규는 대학생이 되어 일본 유학길에 올랐어요. 두 사람 모두 독립운동을 하면서 조국에 목숨을 바쳤습니다. 아니 일제에 의해 목숨을 빼앗겼어요. 1945년 조국 광복을 몇 달 앞두고 조선의 두 청년은 일본의 후쿠오카 형무

영화 〈동주〉
출처: (주)루스 이 소니도스

소에서 옥사하고 말아요.

처절한 죽음을 맞이했던 그들은 영화 〈동주〉를 통해 부활합니다. 역사 속에서 걸어 나와 우리에게 말을 건넵니다. 빛나던 청춘이 정의롭지 않은 시대를 어떻게 살아야 했는지, 지금 이 시대를 살아가는 우리에게 많은 질문을 던집니다. 영화 〈동주〉는 불의와 압제의 시대를 살았던 청년의 고민과 고통을 보여 주고 있어요. 동주는 수줍은 성격에 말수도 많지 않았어요. 책 읽기를 좋아하고 시를 사랑했는데 특히 정지용과 백석의 시를 아꼈습니다.

흑백의 영상 속으로 하늘이 펼쳐지고 구름이 흘러가고 동주가 자란 집들이 보입니다. 교복 차림의 동주가 일제에게 나라를 빼앗긴 현실 앞에서 고뇌할 때 우리도 어느새 동주가 됩니다. 동주의 시린 아픔은 어느덧 나의 아픔이 되어 있어요.

한편 몽규는 성격도 활발하고 공부도 동주보다 잘했습니다. 동아일보 신춘문예에 당선될 만큼 글 솜씨도 뛰어났던 그는 동주와는 사촌 형제이자 친구입니다. 두 사람은 어려운 시대를 함께 한 뜨거운 동지였어요. 이들은 일제의 감옥에 갇혀 형사의 모진 심문을 받습니다. 죄를 인정하라는 서명을 강요받았을 때 동주는 이를 거부하며 말합니다.

"저는 서명하지 않겠습니다. 당신 말을 들으니까 정말 부끄러운 생각이 들어서 못하겠습니다. 이런 세상에 태어나서 시를 쓰기를 바라고 시인이 되기를 원했던 게 너무 부끄럽고, 앞장서지 못하고 그림자처럼 따라다니기만 한 게 부끄러워서 서명을 못하겠습니다."

동주는 형사가 내민 종이를 찢어 버립니다. 동주는 부끄러움 없는 삶을 살려 했고 온몸으로 실천했습니다. 영화는 형사로부터 모진 신문을 받는 장면에서 시를 통해 그의 내면을 보여 줍니다. 수갑을 차고 죄수복을 입은 동주를 배경으로 「쉽게 쓰여진 시」의 일부가 흐르지요.

인생은 살기 어렵다는데
시가 이렇게 쉽게 씌여지는 것은
부끄러운 일이다.

육첩방은 남의 나라
창 밖에 밤비가 속살거리는데

등불을 밝혀 어둠을 조금 내몰고
시대처럼 올 아침을 기다리는 최후의 나

나는 나에게 작은 손을 내밀어
눈물과 위안으로 잡는 최초의 악수.

일제는 매일 동주와 몽규에게 주사를 놓습니다. 누군가 이것이 혈액 대체제 실험이라고 말해 줍니다. 악명 높은 생체 실험이었던 거예요. 동주와 몽규의 팔은 시커멓게 멍들어 갑니다. 일제는 매일 죽음의 약물을 조선의 청년, 동주와 몽규에게 주사합니다.

영화는 윤동주를 주인공으로 하지만 몽규의 죽음 역시 우리에게 새롭게 다가왔습니다. 몽규는 감옥에 면회를 온 아버지에게 말합니다. 동주는 죽었고 자신도 오래 살지 못한다고. 이 주사를 맞고 죽으면 시체가 대학 실험실로 옮겨질 거라고 합니다. 그러면서 자신의 뼛조각 하나라도 일본 땅에 남지 않게 해달라고 부탁합니다. 화면이 바뀌어 시신이 된 동주를 비춥니다. 그의 얼굴은 멍이 들어 있습니다. 동주의 「서시」가 흐릅니다.

죽는 날까지 하늘을 우러러
한 점 부끄럼이 없기를
잎새에 이는 바람에도
나는 괴로워했다.
별을 노래하는 마음으로
모든 죽어가는 것을 사랑해야지
그리고 나한테 주어진 길을
걸어가야겠다.

오늘 밤에도 별이 바람에 스치운다.

동주의 시는 영화 곳곳에서 흐릅니다. 동주는 시집의 제목을 '하늘과 바람과 별과 시'라고 했어요. 하늘은 늘 우리 머리 위에 있고 바람은 우리 곁을 흘러갑니다. 별은 밤마다 빛나지만 외면하고 살 때가 많습니다. 동주의 마음처럼 '하늘과 바람과 별과

시'가 여러분의 가슴을 비춘다면, 여러분이 사는 하루하루는 기적이 될 거예요.

일본 제국주의의 잔혹한 만행에 저항하다 죽어 간 동주와 몽규의 짧은 청춘은 시를 쓰고 읽는 삶이 어떻게 독립운동이 되는지, 어떻게 뜨거운 저항이 되는지를 보여 줍니다. 영화가 끝나고 엔딩 크레딧이 올라갈 때, 동주가 살았던 삶이 바람처럼 스쳐 지나갑니다.

그들의 뜨거운 삶은 우리 가슴을 깊게 울립니다. 영화는 끝났지만 동주와 몽규는 빛바랜 사진처럼 언제까지나 웃고 또 울고 있습니다. 역사 속의 두 인물이 영화로 되살아나 우리와 함께 현재를 살게 되는 것이죠.

〈남한산성〉, 치욕에서 교훈을 찾다

황동혁 감독의 영화 〈남한산성〉은 소설 『남한산성』을 원작으로 합니다. 병자호란 당시 임금이 피난 간 남한산성에서 어떻게 47일을 보냈는지 전해 주고 있어요. 영화는 과거의 역사를 현재로 불러오면서 우리의 관심을 끌어내고 있습니다.

그 당시 조선의 임금과 벼슬아치들은 국제 정세를 제대로 파악하지 못했어요. 권력에 취해 당파 싸움에 매달리는 등 나라를 위태롭게 했어요. 그들은 사대주의에 젖어 있었습니다. 중국 명나라를 대국으로 떠받드느라 새롭게 등장한 청나라와 외교적 해법을 찾지 못했지요.

권력의 무능과 부패, 리더십의 부재는 백성들의 희생과 피눈물을 가져오고 말았어요. 영화는 우리에게 삶과 죽음의 길, 백성과 임금의 길, 치욕과 자존의 길, 절망과 희망의 길을 묻습니다.

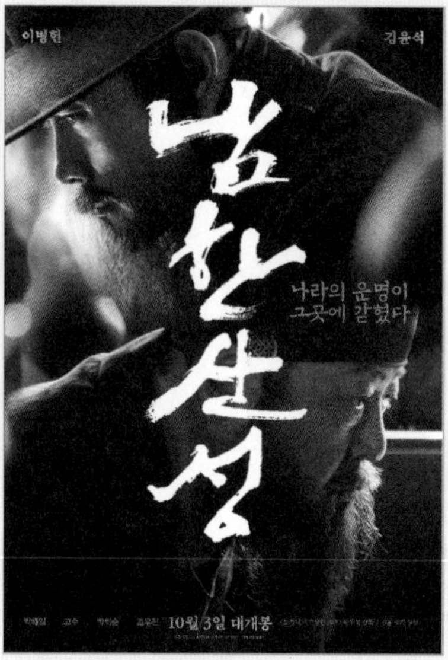

영화 〈남한산성〉
출처: (주)싸이런 픽쳐스

인조반정으로 임금의 자리에 오른 인조는 명나라를 받들고, 새롭게 부흥하는 청나라에 반기를 들었습니다. 결국 청나라가 조선을 침공하면서 병자호란이 일어납니다. 조선의 임금은 청나라 황제에게 무릎 꿇고 절을 올리는 '삼전도의 치욕'을 당하지요. 오늘날 사람들이 많이 찾는 남한산성에는 조선 백성들의 한이 서려 있습니다.

영화는 권력자들의 무책임함도 적나라하게 보여 줍니다. 임금 다음으로 최고 권력자인 영의정이 군사들을 죽음으로 내몹니다.

불리한 싸움에서 군사를 모두 잃었음에도 책임은 부하에게 묻습니다. 말장난 같은 논리로 자신의 허물을 덮어 버리지요. 유능하고 책임감 있는 충신은 '만고의 역적'이란 꼬리표를 달고 거꾸로 간신들은 '충신'이 됩니다.

영화 〈남한산성〉의 백미는 청나라와 싸울 것을 주장하는 김상헌과, 화친을 맺어 전쟁을 끝내려는 최명길 사이의 논쟁입니다. 김상헌이 인조에게 말합니다.

"전하, 의로운 죽음의 길을 갈지언정 어찌 비루한 삶의 길을 가시려 하나이까!"

그러자 최명길이 말합니다.

"전하, 죽음은 가볍지 않사옵니다. 만백성과 더불어 죽음을 각오하지 마옵소서. 죽음으로써 삶을 지탱하지는 못할 것입니다."

이에 김상헌은 "이판이 말하는 삶이란 곧 죽음입니다. 이판은 삶과 죽음을 구분하지 못하고 삶을 죽음과 뒤섞어 삶을 욕되게 하는 자입니다. 신은 가벼운 죽음으로 무거운 삶을 지탱하려 하옵니다"라고 말합니다.

최명길은 다시금 호소하지요.

"전하, 강한 자가 약한 자에게 못할 짓이 없는 것과 같이 (…) 약한 자 또한 살아남기 위해 못할 짓이 없는 것이옵니다. 뒷날에 신을 죽이시더라도 부디 오늘의 치욕을 감당하여 주시옵소서."

'삼전도의 굴욕'은 임금이나 백성에게 치욕이었으나 영화는 이 사건을 통해 삶과 죽음의 진정한 의미, 나라와 백성의 진정한 의미가 무엇인지를 묻고 있어요. 진정한 삶을 살기 위해 우리는 어떻게 오늘을 살아야 할까요.

전쟁이 끝나고 인조는 다시 경복궁으로 돌아옵니다. 그러나 청나라로 끌려간 죄 없는 백성 50만 명은 죽음과 같은 삶을 살아야 했습니다. 나라는 있었지만 백성을 위한 나라는 없었어요. 당시 참담했던 백성들의 삶을 생각하면 가슴 아픈 일이 아닐 수 없습니다. 영화가 끝날 때쯤 나오는 다음 자막은 긴 여운을 남깁니다.

"병자호란은 1637년 1월 30일, 47일 만에 끝이 났다. 전쟁 후 50만의 조선인들이 청으로 끌려갔다. 그해 봄, 다시 민들레꽃이 피었다."

〈모던 타임스〉와 〈위대한 독재자〉, 채플린의 인간 선언 그리고 민주주의

〈모던 타임스〉는 찰리 채플린이 제작한 영화로 노동의 역사를 이야기하고 있어요. 영화는 커다란 시계가 가득 찬 화면으로 시작됩니다. 인간은 시계를 만들었으나 오히려 시계에 종속되고 쫓겨 다니는 처지가 되어 버리죠.

찰리 채플린은 코미디 배우이자 감독이에요. 이 영화에서도 주인공과 감독을 맡고 시나리오까지 썼어요. 그런데 안타깝게도 우리나라에서 이 작품을 오래도록 개봉하지 못했습니다. 자본주의를 비판한 '빨갱이 영화'라는 편견 때문이었어요.

영화는 1937년 작품이라는 사실이 믿기지 않을 만큼 현대적입니다. 영화의 도입부에는 무성 영화 시대의 끝자락임을 알리듯 큼직한 자막이 흘러나와요. "모던 타임스, 이것은 산업화되어 가는 각박한 사회 속에서 행복을 찾으려 노력하는 사람들의 이야

영화 〈모던 타임스〉

기이다."

자막이 끝나고 가축들이 쏟아져 나옵니다. 똑같은 프레임으로 쏟아져 나오는 사람들과 대비가 되지요. 곧이어 공장의 하루가 시작됩니다. 주인공 떠돌이는 컨베이어 벨트에서 나사 조이는 일을 시작해요. 일은 빠른 속도로 반복되면서 잠시의 쉴 틈도 주지 않아요.

봉건 시대에 물건을 만들던 장인(匠人)은 스스로 상품을 기획하고 만들면서 노동의 결과물을 볼 수 있었어요. 그러나 산업 혁명 시기의 노동자인 떠돌이는 무엇을 만드는지도 모르는 채 나사를 조이고 또 조입니다. 심지어 식사를 할 때조차도 무언가를 조이는 시늉을 하고 있어요.

특히 공장에서 일하다가 기계의 톱니바퀴 속으로 빨려 들어가는 모습은 많은 사람에게 충격을 주었어요. 반면에 그런 식으로 생산성을 올려 돈을 버는 자본가들은 불편해했지요. 톱니바퀴 속의 떠돌이 모습은 기계보다 못한 존재가 된 인간을 상징적으로 보여 줬으니까요.

영화 〈모던 타임스〉에 나오는 컨베이어 벨트는 미국의 기업가인 헨리 포드가 만든 대량 생산 시스템을 상징했어요. 이런 방식의 생산 방법을 '포디즘'이라고 했는데요. 그 당시에 생산성을 혁신적으로 끌어올렸다는 격찬을 받았어요. 그러나 거기에는 노동하는 인간에 대한 배려가 없었습니다.

떠돌이는 이렇게 노동에 시달리다 정신병원에 입원까지 합니다. 그러고 나서 퇴원을 하지만 우연히 떨어진 붉은 깃발을 들었다가 시위 주동자로 몰려 감옥에 갇힙니다. 황당하고 억울한 일이지만 우리나라를 포함해서 세계적으로 이런 일들이 적지 않게 있었습니다.

실제로 채플린은 영화 〈모던 타임스〉를 만들었다는 이유로 '사상'을 의심받습니다. 심지어 미국 상원의원 조지프 매카시의 광기 어린 선동 때문에 빨갱이로 몰려 미국을 떠나야 했어요. 단지 길에 떨어진 빨간 깃발을 주웠을 뿐인데 감옥에 갔던 영화 속 떠돌이와 신세가 다르지 않았습니다. 우리나라에도 과거 독재 정권 때 선량한 시민이나 대학생이 억울하게 간첩으로 몰려 감옥에 갔던 일이 있었지요.

영화에서 떠돌이는 감옥에서 공을 세워 사면을 받고 나옵니다. 그러나 사회적 상황이 매우 나빴습니다. 대공황으로 일자리는 부족하고 사람들은 배가 고팠지요. 인간성은 무시되고 자본과 돈이 최고의 가치가 되었습니다. 떠돌이는 오히려 감옥 생활이 나았다고 생각할 정도였어요.

감옥에서 나온 떠돌이는 부둣가에서 우연히 만난 소녀와 함께 새로운 삶을 살고자 합니다. 그러나 하는 일마다 실패를 거듭하지요. 두 사람은 새벽에 다시 길을 떠납니다. 절망 속에서도 다시 희망을 찾아 길을 나선 것이죠.

마지막 장면은 채플린의 떠돌이 복장과 지팡이 그리고 소녀가 걸어가는 뒷모습이 실루엣으로 되어 남습니다. 대사가 자막으로 처리되는 무성 영화였지만 채플린의 노래하는 목소리도 들을 수 있었어요. 긴 세월이 흘러 디지털 시대가 된 지금도 여전히 우리에게 깊은 감동을 줍니다.

채플린은 3년 후에 〈위대한 독재자〉라는 영화를 찍습니다. 이를 통해 민주주의에 대해 이야기해요. 다음은 영화에 나오는 명장면으로 영화 속 독재자가 다음과 같이 연설합니다.

"급속한 발전을 이루었으나 우리는 스스로를 가두고 말았습니다. 그것을 도운 기계는 우리에게 결핍을 가져다주었습니다. 지식은 우리를 냉정하게 만들었습니다. 생각은 많이 하면서도 가슴으로 느끼는 것은 별로 없습니다.

기계보다는 인류애가 더 중요하고 지식보다는 친절과 관용이 우선되어야 합니다. 그렇지 않으면 삶은 더욱 불행해질 것입니다. 비행기와 라디오 방송은 우리를 가깝게 했습니다. 이런 발명은 전 지구인이 화합하라고 있는 것입니다. (…)

이제 우리는 그 약속을 지키기 위해 싸워야 합니다. 온 세계를 해방시키고 나라의 경계를 허물고 탐욕, 증오와 배척을 없애야 합니다. 이성이 다스리는 나라, 과학의 발전을 통해 모두가 행복해지는 나라를 만들어야 합니다."

대공황 시대에도, 파시즘이 날뛸 때도 채플린은 이렇게 한결같이 행복한 세상에 대한 희망을 품었어요. 그 마음이 연설에 그대로 녹아들어 있어요. 우리도 채플린의 마음을 잊지 말고 모두가 행복해지는 꿈을 키우면 좋겠습니다.

〈레미제라블〉, 한 조각 빵과 혁명의 서사극

2012년 작 〈레미제라블〉은 소설을 원작으로 한 뮤지컬 영화예요. 프랑스어인 '레미제라블'은 우리말로 '불쌍한 사람들'이라는 뜻입니다. 그래서 등장인물들도 불쌍하고 가난한 사람이에요. 영화의 배경인 프랑스 혁명기에 가난한 사람들은 경멸과 조롱을 받았어요. 부자들은 이들이 게을러서 가난해진 거라며 손가락질했습니다.

그런데 가난은 결코 당사자의 책임만이 아니에요. '빈곤'은 개인 문제이자 사회 문제입니다. 사회 구성원인 우리 모두 함께 풀어야 한다는 뜻이에요. 개인의 불행은 서로에게 영향을 끼칩니다. 모두가 행복해지려면 이를 개인의 책임으로 떠넘겨서는 안 돼요. 그래서 사회나 국가가 나서는 것이고요.

하지만 이런 생각들이 정착되기 전인 19세기에는 권력과 부가

영화 〈레미제라블〉
출처: 유니버설픽쳐스인터내셔널 코리아(유)

집중되면서 가난한 사람들이 크게 늘고 있었습니다. 프랑스 작가 빅토르 위고는 소설 『레미제라블』에서 당시의 부조리와 부도덕, 불평등을 꼬집었어요. 영화도 이러한 사상을 충실히 재현합니다.

영화 주인공들은 비천한 사람들, 불쌍한 사람들, 그리고 세상을 좀 더 평등하게 만들려는 젊은이들입니다. 혁명에 참여한 소년이 죽었을 때 관객들은 눈물을 흘리며 아파합니다. 실패한 혁명에 가슴을 쓸어내리면서도 다시 내일의 희망을 품습니다.

주인공 장 발장은 죄수로 수감 생활을 한 불쌍한 사람이었지만 이후 자신의 삶을 크게 바꾸어 나갑니다. 힘들고 어려운 사람들을 도우면서 혁명의 시기에 굳건하게 자신의 소명을 다합니다. 주인공의 이러한 변화는 인간다움을 되찾는 각성이 얼마나 위대한지를 잘 보여 주고 있습니다.

장 발장의 처절한 불행은 빵 한 조각에서 시작합니다. 그는 사랑하는 조카를 위해 한 조각 빵을 훔칩니다. 그 후로 국가 권력의 불공정하고 잔인한 형벌에 시달려야 했지요. 장 발장이 살았던 시대는 대혼돈의 시대였습니다. 산업화와 혁명의 시대이자 가난한 사람들이 벼랑 끝으로 내몰리는 고통의 시대였어요.

1789년 대혁명 이후 프랑스는 왕이 없는 나라, 즉 공화정을 실현하려 했지만, 로베스피에르에 의한 공포 정치가 들어섰다가 몰락하는 등 부침을 거듭합니다. 이후 나폴레옹이 등장해 스스로 황제가 되었다가 몰락하고 왕정이 다시 세워지는 등 엄청난 혼란을 겪어요.

이 시기 빈부격차는 매우 심각했습니다. 가난한 사람들은 더 가난한 삶은 살아야 했어요. 급격한 도시화로 인구가 늘면서 이들이 거주할 집이 턱없이 부족했어요. 빈민가가 생겨나고 비위생적인 주거 환경은 전염병 확산으로 이어집니다.

노동자들은 삶의 희망을 잃어버리지요. 어른들은 술에 빠졌고 아이들은 길거리에 버려져서 고아가 되었어요. 빈민굴에 사는 여성들은 한 조각 빵을 위해 자신의 몸을 바쳐야 했습니다. 산업화로 전체적인 부는 증가했지만 한 줌도 안 되는 사람들을 제외한 다수의 삶은 비참하고 불쌍했지요.

감옥을 나온 장 발장은 신분을 숨기고 공장의 사장이 됩니다. 하지만 경감 자베르는 그를 의심하고 계속 추적하지요. 장 발장은 공장에서 일하던 여성 팡틴을 만납니다. 그녀의 죽음 앞에서 딸인 코제트를 지켜 주겠다고 약속하죠. 그러고 나서 그녀의 아버지로 함께 살아갑니다.

영화는 새로운 세상을 위해 혁명을 꿈꾸고, 혁명을 위해 목숨을 버리는 젊은이들을 보여 주고 있어요. 그런데 한편에서는 자유와 빵을 위한 거대한 함성을 누르고 짓밟으려는 사람들이 있었습니다. 권력은 세상을 바꾸려는 사람들을 총과 칼로 잔인하게 탄압했습니다. 목숨을 걸고 싸웠지만 혁명은 실패했고, 많은 사람, 심지어 어린아이까지도 역사의 순교자가 되어야 했어요.

혁명의 시기, 모두가 뜨겁게 자신의 삶을 불태우고 사라집니다. 그러나 그들이 우리에게 남겨 준 위대한 정신은 사라지지 않고 영화 〈레미제라블〉을 통해 부활해요. 시대를 뛰어넘은 〈레미제라블〉 덕분에 우리는 주인공들과 참된 친구가 되어, 사람답게 사는 아름다운 세상을 꿈꿀 수 있습니다.

좋은 영화의 기준은 무엇인가요?

좋은 영화란 무엇일까요? 흥행에 성공했다고 좋은 영화일까요? 때로 관객 수를 따지며 많은 사람의 관심과 사랑을 받은 작품을 좋은 영화라고 홍보하는 경우가 많아요. 그렇지만 관객 수는 참고 사항일 뿐 그 자체로 좋은 영화의 기준이 될 수는 없어요.

이준익 감독은 좋은 영화에 대해 이렇게 말합니다. “좋은 영화는 명쾌한 답을 주기보다 좋은 질문을 던진다고 생각해요.” 주입식으로 어떤 생각을 강요하는 것이 아니라 질문을 주는 영화여야 한다는 그의 말은 우리에게 많은 생각을 하게 합니다.

좋은 영화란 거창한 상을 받고 흥행에 성공한 영화라기보다는 나와 어떤 관계를 맺고 있는가가 중요해요. 수많은 영화 중에서 우리가 가치 있게 간직하고 싶은 영화, 다른 사람들과도 깊게 공유하고 싶은 영화가 좋은 영화입니다.

흥행에 참패한 영화도 내 마음에 깊이 다가와 나의 인생을 좀 더 굳건하게 만들어 줄 수 있습니다. 누구에게나 나의 고통을 위로해 주고, 내가 조언을 구하고 싶을 때 의지가 되어 주는 영화가 한 편쯤은 있죠. 바로 그런 영화가 좋은 영화입니다. 우리의 현실을 바라보게 하고 좋은 꿈을 꾸게 해주거든요.

제게는 〈죽은 시인의 사회〉가 그랬습니다. 개봉한 지 30여 년이 넘는 오래된 영화이지만 감동만큼은 생생합니다. 시간을 뛰어넘어 여전히 우리의 마음을 따뜻하게 해주고 있어요. 그래서 두 차례나 재개봉될 만큼 다시 보고 싶어 하는 사람이 많아요. 교사와 학생이 등장한다고 해서 꼭 청소년에게만 인기가 있는 건 아니에요. 다양한 연령대의 사람들이 여전히 이 영화를 사랑합니다. 그 이유는 무엇일까요?

1989년에 개봉한 〈죽은 시인의 사회〉는 피터 위어가 연출하고 로빈 윌리엄스가 주연을 맡은 영화예요. 영화의 배경인 웰튼 아카데미는 좋은 대학에 가려는 학생들이 모인 곳으로 미국의 유명한 사립 고등학교입니다.

이곳에 새로 부임한 영어 선생님 키팅은 이러한 학교 분위기를 바꾸려고 애써요. 인생의 의미와 참된 자아를 찾아 주고자 학생들에게 새로운 도전을 하게 합니다. 이를 위험하다고 여긴 어른들에 의해 결국 학교에서 해임되지만, 키팅 선생님의 말씀은 우리 모두에게 깊은 울림으로 남아요. 선생님은 말합니다.

"카르페 디엠! 현재를 즐겨라! 인생을 독특하게 살아라!"

"이제부터 자신의 발걸음을 찾도록 해. 자신만의 보폭과 속도로

영화 〈죽은 시인의 사회〉
출처: (주)디스테이션

걸어라.”

“인류는 열정으로 가득 차 있어. 의학·법률·경제·기술은 숭고한 일이야. 그리고 삶을 유지하는 데 필요해. 하지만 시와 아름다움, 낭만, 사랑은 우리를 살아 있게 하는 것들이야.”

키팅 선생님은 세상을 다른 시각으로 보라고 합니다. 영화에는 유명한 장면이 등장하죠. 키팅 선생님이 학교를 떠나는 순간 학생들 하나하나가 책상에 오릅니다. 교장 선생님의 경고를 무시하고 “오, 캡틴 나의 캡틴”을 외쳐요. 키팅 선생님의 가르침처럼 그들은 이제 다른 사람의 눈이 아닌 자신의 판단으로 새로운 생각을 하게 된 것입니다.

카메라는 평면적 시선을 거두고 학생들의 눈높이를 따라갑니다. 위에서 아래로 내려다보며 이들이 굳건히 주체로 서 있다는 것을 보여 줍니다. 카메라는 학생들의 두 다리 사이로 입시와 규율만을 강조하는 어른들의 비뚤어진 자화상을 대변하는 다른 선생님의 모습을 보여 줍니다. 이 마지막 장면은 많은 이들에게 잊힐 수 없는 최고의 명장면으로 남았어요.

좋은 영화가 무엇인지 알고 싶다면 평론가의 말이나 별점, 흥행을 고려하지 말고 여러분의 생각을 근거로 스스로 판단할 필요가 있어요.

우리나라의 학교는 대학 입시를 향해 돌진합니다. 모두가 공부하는 기계가 되어야 하죠. 경쟁에서 이기고 상대보다 잘해야 합니다. 친구가 나보다 못하면 기뻐해야 하는 게 현실이죠. 오로지 1등과 성적만을 강조하다 보니 입시가 학교의 목적이 되어 버렸습니다. 이런 현실에서 이 영화는 우리에게 진정한 삶의 의미와 공부의 의미를 말합니다.

영화는 재미가 있어야 한다고 말합니다. 하지만 영화 감상의 시간을 '킬링 타임'이 아니라, 진정으로 살아 있는 시간인 '리빙 타임'으로 만드는 영화라면 더 좋지 않을까요? 그런 영화들은 끝난 이후에 우리 삶에 대해 여러 가지를 생각하게 합니다. 이렇게 여러분 스스로와 깊은 교감을 하고 더 나은 인생으로 이끌어 주는 영화가 좋은 영화입니다.

우리 자신과 친구들에 대한 깊은 관심, 사회에 대한 날카로운 성찰, 이 넓은 세계가 앞으로 어디로 향해 나아갈 것인가를 생각하게 하는 영화를 만나면 좋겠어요. 우리 자신이 살아 있음을 자각하고, 행복해야 한다는 사실을 다시 한번 일깨워 주는 영화를 찾아보세요. 그 자체로 인생에 크나큰 행복이 될 거예요.

5장

영화의 장르

'장르'가 뭐예요?

영화에서 말하는 '장르'란 비슷한 영화끼리 나누어서 구분할 때 쓰는 전문 용어입니다. 줄거리나 주제, 분위기 등 일정한 기준에 따라 영화를 분류하는 것을 '장르별로 구분한다'고 하지요. 따라서 '장르는 영화를 구분하는 특정한 약속이고 형식'이라 말할 수 있어요.

장르는 영화를 선택하고 감상하는 데 유용합니다. 그 영화가 어떤 장르에 속하는지를 살펴봄으로써 영화를 더욱 깊게 이해할 수 있습니다. 장르의 특성이 영화에 반영되어 있기 때문에, 영화를 좀 더 쉽고 재미있게 감상할 수 있게 되지요.

그리고 장르는 관객에게 사전에 관련 정보를 줍니다. 공포 영화라고 해서 보았는데 로맨틱 코미디 영화였다면 얼마나 당황스럽겠어요. 장르 구별이 영화 내용과 동떨어져 있다면 관객들은 어리둥절해하고 그 영화의 인기는 금방 하락하고 말 것입니다.

우리가 영화를 선택하는 과정을 볼까요? 어떤 사람이 다큐멘터리 영화를 보고 싶어 합니다. 이 사람은 먼저 장르적 특성을 떠올리겠죠. 영화의 성격과 분위기, 화면 구성이나 제작 과정을 구체적이지는 않지만 대략적으로 머릿속에 그릴 것입니다. 그런 다음 그중에서도 어떤 영화를 볼지 구체적으로 선택을 하겠지요.

이처럼 장르는 관객들이 영화를 고를 때 시간을 아껴 줍니다. 덕분에 자신의 취향에 맞추어 선택하기도 쉬워요. 그렇지만 단점도 있습니다. 특정 장르만 한정해서 보게 되면, 다양한 영화를 경험하기 어려울 수 있습니다. 따라서 이런저런 다양한 장르를 경험해 보고 그중에서 내가 정말 좋아하는 것이 어떤 장르인지 알아보는 게 좋아요.

장르는 영화 선택을 돕지만, 그 기준이 명확하게 나눠지지는 않아요. 실제로는 애매한 측면도 있습니다. 모든 영화가 '장르'라는 기준에 딱 들어맞는 것은 아니기 때문이에요. 한 영화가 두 장르 이상의 성격을 보이기도 하고 그 경계가 모호한 경우도 있죠. 관습적으로 우리가 어떤 영화를 특정 장르로 나누지만, 여기에 얽매일 필요는 없어요.

영화에서 장르를 구분해서 제작하는 데는 현실적인 이유가 있어요. 바로 흥행 때문입니다. 특히 상업 영화에서는 이러한 요소는 무척 절실하지요.

영화 제작자들은 흥행에 어떤 요인이 있다는 사실을 알게 되었어요. 그들은 흥행작을 만들려고 대중적으로 성공한 영화의 패턴을 분석하면서 대중의 반응과 연관시켜 연구해요. 그 결과 대중이 좋아하는 일정한 공식 같은 것을 찾아냅니다. 바로 이 '성공을 위한 공식'이 영화를 액션, 멜로, 판타지 등과 같이 특정한 장르로 나누게 된 것입니다.

지금 제작하는 영화가 '액션' 장르에 속한다면 그에 걸맞은 스토리와 장면을 구성해야 합니다. 이처럼 장르는 상업 영화에서 수익을 올리고자 하는 의도로 만들어졌어요. 관객의 반응을 예측하고 만족시키기 위해 만들어지고 유행하게 된 것이죠.

이렇게 해서 생겨난 장르는 변화를 거듭했어요. 영화가 발전하면서 장르의 종류도 점점 더 많아지고 있어요. 장르는 결코 고정된 것이 아니에요. 특히 상업 영화에서는 관객의 취향과 반응을 적극 반영해 창조적으로 새로운 장르를 만들어 나가고 있어요.

예컨대 공상 과학 영화임에도 멜로, 액션을 섞어 독특한 영화로 만들 수 있습니다. 장르의 융합은 영화의 정서나 분위기를 더욱 다양하고 흥미롭게 만들어 낼 수 있습니다. 그리고 액션 영화에도 멜로와 공포 장르의 요소를 더할 수도 있고요. 장르의 융합

영화 〈라라랜드〉
출처: 판씨네마(주)

과 변화·발전은 영화를 만드는 사람들의 창의성을 자극하고 관객들에게는 새로운 재미를 선사합니다.

영화 〈라라랜드〉는 뮤지컬 장르이지만 멜로적 요소가 섞여 있습니다. 영화는 첫 시작부터 화려한 춤 동작으로 관객의 시선을 사로잡습니다. 그러면서도 꿈을 향해 달려가는 남녀 주인공의 사랑과 좌절을 그린 로맨스 영화이기도 하지요.

오늘날 영화의 장르는 애니메이션, 다큐멘터리, 가족, 공상 과학, 뮤지컬, 공포, 범죄, 서부극, 과학, 전쟁과 스포츠에 이르기까지 아주 다양합니다. 장르에는 각각의 문법이 있어요. 관습적인 서사나 정형화된 사건, 캐릭터들이 장르를 떠받치는 주요 기둥들입니다. 장르마다 고유한 특성이 있고 시대의 흐름과 관객의 취향이 장르의 다양화를 이끄는 동력입니다.

갱스터 영화, 정의를 묻다

범죄자들이 등장하는 갱스터 영화는 1920년대 미국에서 시작되어 지금도 여전히 사랑받고 있는 장르입니다. 그렇다면 왜 갱스터 영화가 계속해서 대중에게 사랑받으면서 지금까지 이어지고 있는 것일까요?

우선 불법과 범죄, 폭력이라는 거친 소재에도 불구하고 부조리하고 불평등한 현실이 갱스터 영화가 지금껏 살아남은 이유라고 생각해요. 갱스터 영화에 등장하는 공권력은 서민의 편이 아니라 힘 있는 사람들의 편입니다. 오히려 부패와 결속하는 설정이 많이 나오지요. 이러한 설정은 보는 이로 하여금 정의롭지 못한 현실을 돌아보게 합니다.

1929년 시작된 미국의 경제 대공황은 모두가 평등하고 누구나 성공할 수 있다는 '아메리칸드림'이 허구임을 알려 줬어요. 가난

영화 〈대부〉
출처: (주)예지림엔터테인먼트

한 사람이 부자가 되는 것은 불가능해 보였습니다. 게다가 권력과 공권력은 가난한 사람들의 편이 아니었어요.

가난하지만 영웅적인 하층민이 어쩔 수 없이 범죄자가 되어 돈과 권력을 움켜쥐지만 파멸에 이른다는 스토리는 갱스터 영화에 자주 등장합니다. 부패한 경찰, 권력자와 정치인도 단골로 등장하지요.

1970년대는 갱스터 영화의 전성시대였습니다. 1972년 개봉한 프랜시스 포드 코폴라 감독의 〈대부〉는 특히 갱스터 영화의 진정한 대부가 되었지요. 당시 흥행에 성공하면서 최초의 '블록버스터' 영화로 기록되고 있습니다. 블록버스터는 단기간에 대규모 흥행을 기록하는 영화를 일컫는 말이에요. 우리나라에서도 〈신세계〉, 〈비열한 거리〉, 〈범죄도시〉 같은 수많은 갱스터 영화가 만들어진 바 있습니다.

뮤지컬 영화,
사랑과 기쁨을 노래하다

다음으로 뮤지컬 장르를 살펴볼게요. 우리나라 사람들은 노래와 춤을 즐깁니다. 거기에 비해 뮤지컬 영화가 많이 만들어지지는 않았어요. 그런데 대부분 영화에 뮤지컬적인 요소가 들어가 있는 나라가 있어요. 바로 인도입니다.

흥행 요소를 구분하여 장르화하는 '할리우드의 공식'이 인도에서는 통하지 않아요. 이들의 영화는 '발리우드'라고 불릴 정도로 그 자체로 하나의 장르가 되고 있습니다. 이들 영화는 아픔과 고통을 영화적으로 치유하는 모습을 보이고 있어요. 가끔 이해가 안 갈 때도 있습니다.

양쪽 집안이 팽팽하게 싸우다가도 갑자기 한데 어울려 즐겁게 노래하고 춤을 춥니다. 전형적인 '발리우드' 영화의 한 장면이에요. 이게 무슨 일인가 싶죠.

발리우드 영화에서는 춤과 노래가 필수적이에요. 그래서 인도 배우들은 연기는 물론 노래도 잘 부르고 춤도 잘 추어야 해요. 여러 사람이 모여서 춤을 추는 화려한 군무가 자주 등장합니다. 물론 인도의 모든 영화가 그런 건 아니지만요. 그렇다면 왜 인도에서는 뮤지컬 영화가 꾸준히 사랑받고 있을까요?

잘 알다시피 인도는 철저한 계급 사회입니다. 공식적으로는 카스트 제도가 폐지되었다고 하지만, 실질적으로는 여전히 불평등한 제도로 남아 있어요. 인도 사회에서는 집의 크기나 직업도 출신에 따라 정해져 있습니다. 가장 하층 계급인 '불가촉천민'의 삶은 상상하기조차 힘들 만큼 고통스럽다고 해요. 가난의 대물림과 하층민의 치욕스러운 삶은 인도 사회의 이면이기도 합니다.

그래서 인도의 가난한 사람들은 영화를 통해서 잠시라도 삶의 고통을 잊거나 치유하고 싶어 했어요. 그런 열망이 모여 인도식 '발리우드' 영화를 탄생시킨 거예요. 인도에서는 사실적인 영화보다는 심각한 상황에서도 춤과 노래를 부르는 이런 영화를 좋아합니다. 심지어는 극장에서 관객들이 영화를 보면서 흥겹게 춤을 추기도 하죠.

또 다른 이유로는 인도의 다민족 구성 때문입니다. 인도에는 아주 많은 언어가 있어요. 춤과 노래는 이러한 장벽을 넘고 하나

영화 〈사랑은 비를 타고〉
출처: 아서 프리드

로 묶어주는 장치예요. 인도인들의 영화 사랑은 세계적으로도 유명합니다. 현재 인도는 세계 최고의 영화 생산국이에요.

다음으로 미국 할리우드의 뮤지컬 영화를 살짝 들여다볼까요. 진 켈리가 감독과 주연을 맡은 〈사랑은 비를 타고〉와 같은 고전 영화부터 시작해서 〈물랭 루주〉, 〈시카고〉, 〈드림걸즈〉 같은 영화들이 대표적이에요. 톰 후퍼 감독의 영화 〈레미제라블〉도 빼놓을 수 없겠네요. 앞서 말씀드렸듯, 소설을 원작으로 한 이 영화는 뮤지컬로 만들어져 대성공을 거두었고, 이후 뮤지컬 영화로 제작되었습니다.

미국에서는 흥행에 성공한 뮤지컬을 영화로 다시 만드는 경우가 많아요. 브로드웨이(미국의 뮤지컬, 연극 상연 지역)에서 성공한 후 영화로 제작된 〈웨스트 사이드 스토리〉, 〈사운드 오브 뮤직〉 등이 대표적입니다.

디즈니사의 뮤지컬 영화 역시 많은 사랑을 받아왔어요. 〈라이언 킹〉, 〈미녀와 야수〉, 〈겨울 왕국〉 등은 여러분도 잘 아실 거예요. 이들 애니메이션은 노래와 춤을 통해 등장인물의 감정, 그리고 용기와 사랑 같은 주제를 표현합니다. 더불어 극적인 효과도 거둘 수 있습니다.

기쁨과 슬픔을 노래 속에 담아내고 춤으로 표현하며 주인공들의 삶을 다양하게 표현할 수 있습니다. 덕분에 뮤지컬 장르의 영화는 꾸준히 제작되면서, 영화를 좋아하는 사람들에게 변함없이 사랑받는 장르가 되었어요.

다큐멘터리 영화, 진실을 탐구하다

영화의 시작은 사실상 다큐멘터리였어요. 뤼미에르 형제는 공장에서 나오는 노동자의 모습이나 기차를 기다리고 있는 시민들의 모습을 현실 그대로 담아냈습니다. 다큐멘터리의 특징은 이처럼 현실을 있는 그대로 기록하는 것이고, 사실을 보여 주는 것이라고 할 수 있어요.

영화사에 등장하는 세계 최초의 다큐멘터리 영화는 1922년 작인 〈북극의 나누크〉입니다. 주인공 '나누크'는 이누이트입니다. 우리가 흔히 부르는 '에스키모'라는 이름은 '날고기 먹는 사람'이라는 뜻으로 백인들이 비꼬며 붙인 이름이에요. '이누이트'가 바른 말입니다. 북극 원주민은 그들 스스로를 이렇게 부른다고 해요. '진짜 사람'이라는 뜻입니다.

영화의 주인공인 나누크는 유명 배우나 스타 지망생이 아니었어요. 그냥 북극에서 살아가는 평범한 사람이었습니다. 감독은 바다표범과 물고기를 잡고 아이들을 키우며 살아가는 모습을 담담히 카메라에 담았습니다. 로버트 플래허티 감독은 이 영화로 다큐멘터리 영화의 새 장을 열었다는 평가를 받았어요. 그렇지만 있는 그대로 찍어야 할 다큐멘터리 영화임에도 조작된 부분이 있다는 비판도 있습니다.

다큐멘터리는 스포츠, 종교, 환경, 인권, 역사적 기록 등 다양한 영역에서 영화 예술로서의 위상을 확고히 하고 있어요. 우리에게 감동을 주는 수많은 다큐멘터리 영화가 지금 이 순간에도 만들어지고 있답니다.

그중 한 영화를 소개할게요. 끔찍한 내전으로 죽음의 땅, 기아와 질병의 땅이 되어 버린 아프리카 남수단의 톤즈에서 봉사 활동을 했던 이태석 신부의 삶을 그려낸 구수환 감독의 〈울지마 톤즈〉가 있습니다. 하루 300명 이상의 환자를 돌보고 아이들을 교육시키고 음악으로 이들의 아픔을 치유했던 이태석 신부의 삶과 마지막 여정은 많은 이들에게 감동을 주었습니다.

다큐멘터리 영화는 기동력이 상당히 중요해요. 현실에서 벌어지는 일들을 순간순간 빠르고 생동감 있게 담아내야 하기 때문입니다. 다큐멘터리 영화의 핵심은 '진실'입니다. 가공이나 허구로 만들어진 세계가 아니라 현실에 대한 존중이 출발점이지만,

영화 〈울지마 톤즈〉
출처: KBS

여기에는 영화를 만드는 감독의 의도나 정체성이 반영되기도 합니다.

다큐멘터리 영화에는 우리가 사는 지구와 그곳에서 살아가는 사람들이 등장합니다. 그러면서 환경과 우주 등 다양한 소재와 폭넓은 시각으로 우리에게 진실로 가는 길을 안내합니다. 그렇지만 특정 이념이나 독재자의 홍보 수단으로 전락했던 적도 있었어요. 현실을 보여 준다고 해서 모든 다큐멘터리 영화가 객관적이거나 진리를 말한다고 할 수는 없는 거죠.

하나의 장르로서 다큐멘터리는 꾸준히 대중의 사랑을 받고 있습니다. 그 배경에는 '진실'과 '현실'이 있어요. 우리가 사는 모든 삶의 순간들이 어찌 보면 바로 다큐멘터리 영화나 마찬가지겠죠. 영화란 바로 우리 삶의 기록이니까요.

애니메이션 영화, 세계인과 소통하다

애니메이션의 어원인 'anima'는 라틴어로 생명(숨)과 영혼을 뜻해요. 그런 의미에서 그림에 생명을 불어넣은 장르가 바로 애니메이션이라고 할 수 있습니다. 필름으로 제작된 최초의 애니메이션은 제임스 스튜어트 블랙톤의 1906년 작 〈유쾌한 얼굴〉이었어요. 2년 뒤인 1908년에는 프랑스의 만화가 에밀 콜도 〈판타스마고리아〉라는 애니메이션을 만들었지요.

그렇지만 애니메이션의 진정한 개척자는 미국의 만화가 윈저 맥케이라고 할 수 있어요. 그는 1912년 〈모기 이야기〉와 1914년 〈공룡 거티〉 등 수많은 애니메이션을 만들었어요. 특히 〈공룡 거티〉는 다정한 초식 공룡의 모습을 선보였죠. 〈쥬라기 공원〉의 공룡처럼 웅장한 모습은 아니었지만 그 시대 사람들에게 영혼이 있는 공룡의 모습을 보여 줬어요.

영화 〈공룡 거티〉

이후 장편 애니메이션이 등장합니다. 월트 디즈니사의 1937년 작 〈백설 공주와 일곱 난쟁이〉가 큰 반향을 불러일으켜요. 애니메이션을 제작할 때, 작화가들이 실제 코끼리를 스튜디오 안에서 관찰하고 그림을 그리는 모습은 상당히 인상적이었죠. 이후 디즈니는 수많은 애니메이션을 제작했고, 동화와 신화 속에 있는 이야기들도 발굴했어요. 그렇게 우리에게 친숙한 디즈니 애니메이션들이 만들어졌습니다.

일본의 스튜디오 지브리도 중요한 애니메이션 제작사입니다.

지브리는 〈천공의 성 라퓨타〉, 〈이웃집 토토로〉, 〈원령공주〉, 〈하울의 움직이는 성〉 등을 제작해 애니메이션의 신기원을 열었습니다. 특히 미야자키 하야오 감독의 〈센과 치히로의 행방불명〉은 일본 신화 속에 있는 요괴를 작품에 불러내어, 인간과 자연 그리고 신들에 대한 이야기를 펼쳐냈지요.

〈이웃집 토토로〉는 1950년대의 일본 농촌을 배경으로, 아픈 엄마와 떨어져 지내는 두 자매가 토토로라는 정령과 만나면서 성장하는 이야기를 보여 줍니다. 토토로는 늘 인간을 돕는 자연의 성품을 지닌 정령으로 두 자매를 도와줍니다.

〈원령공주〉도 자연을 해치려는 인간과 이로 인해 고통받고 상처받은 자연을 다룹니다. 자연은 재앙신의 모습으로 인간 앞에 나타나고, 인간은 두려움을 느끼죠. 끝없이 자연을 괴롭히는 인간과 자연을 지키려는 원령공주와의 싸움이 전개되는데, 그 모습이 무척 애처롭고 안타깝게 그려집니다. 〈하울의 움직이는 성〉은 독특한 세계관에 로맨스, 판타지적 요소가 더해져 있습니다. 주인공이 진실된 자아를 찾아가는 모습을 보여 주며 많은 이들에게 감동을 선사했습니다.

우리나라 최초의 장편 애니메이션은 1967년 1월 개봉한 신동헌 감독의 〈홍길동〉이에요. 흥행에도 성공해서 10만 명 이상이 관람했어요. 당시로서는 엄청난 관객 수입니다. 실사 영화보다 더 많은 제작비가 들어갔지만 커다란 성공을 거두었습니다.

그 뒤를 이어 좋은 애니메이션 작품이 많이 만들어졌어요. 1990년대에는 〈아기 공룡 둘리〉, 2000년대에는 〈마리 이야기〉, 〈오세암〉 등의 작품이 나왔죠. 애니메이션 장르를 꿈꾸고 실현하려는 많은 사람의 노력이 있었기에 가능했어요.

명필름에서 제작한 〈마당을 나온 암탉〉과 〈태일이〉도 중요한 작품입니다. 특히 〈태일이〉는 실사 영화로도 만들어진 전태일 열사의 삶을 담은 작품이에요. 애니메이션은 지금도 진화하고 있습니다. 앞으로도 수많은 다양한 캐릭터와 이야기로 우리의 삶을 아름답게 비춰 줄 거예요.

끝으로 〈아주르와 아스마르〉, 〈프린스 앤 프린세스〉 등의 애니메이션으로 사람들의 마음을 따듯하게 해주었던 미셸 오슬로 감독의 이야기를 전합니다.

"국가 간 문화적 차이는 인위적인 것일 뿐이며, 사람의 감정과 마음은 어느 문화권에서나 같다."

바로 애니메이션 장르를 두고 하는 말입니다. 애니메이션은 세계인이 가장 깊고 넓게 소통할 수 있는 매체일 거예요. 국가와 문화적 차이는 애니메이션 세상에서는 그다지 중요하지 않으니까요.

우리가 꿈꾸는 새로운 장르

봉준호 감독은 〈기생충〉 이전부터 "봉준호가 하나의 장르다" 라는 평가를 받았습니다. 그는 칸 영화제 황금 종려상 수상 후 기자회견에서 다음과 같이 말했어요. "봉준호 자체가 장르라는 멘트를 한 매체가 있는데, 이번 영화제에 와서 들은 멘트 중에 저로서는 가장 감격스러웠고, 또 듣고 싶었던 코멘트라고 해야 할까, 무척 기뻤다."

봉준호 감독은 다양한 장르를 융합해서 자신만의 독특한 장르를 만들어 냈어요. 특히 '봉테일'(봉준호+디테일)이라는 별명이 붙을 정도로 빈틈없이 꼼꼼하게 영화를 제작했어요. 관객과 영화가 하나가 되려면 영화의 실재성이 무엇보다 중요하기 때문이겠죠.

좋은 영화를 만들려면 장르의 장점을 잘 활용해야 해요. 그러나 그 안에만 매몰되지 않고 장르 바깥도 살펴보아야 합니다. 때로는 장르라는 장벽을 넘어서야 해요. 모든 장르가 처음부터 장르가 아니었듯이 여러분이 만드는 영화가 자신만의 독자성과 새로운 시도를 통해 하나의 장르를 만들 수도 있어요.

여러분은 무엇보다도 상상력을 키워 나가야 할 때입니다. 새롭게 생각하고 독창적인 것을 만들어서 그 안에 인류를 행복하게 해줄 메시지를 담을 수도 있을 것입니다. 진실하고 독창적인 메시지는 세상 사람들을 감동시킬 수 있어요.

영화는 우리가 느끼는 삶의 부조리를 고발하기도 합니다. 세상의 민낯을 보여 주면서 나쁜 사람이 성공하고 착한 사람이 고생하는 현실에 분노를 느끼게 합니다. 여러분은 어떤 영화를 만들고 싶은가요? 권선징악으로 끝나는 영화가 새드 엔딩(슬픈 마무리)보다 많은 이유는 영화로나마 위로받고 싶어서일 거예요. 새드 엔딩은 결코 슬픔에 머물지 않습니다. 세상을 바꾸겠다는 의지를 다지게 하기도 해요.

여러분들이 살아가는 일상 또한 영화의 소재가 될 수 있습니다. 여러분들이 학교에 다니며 느끼는 감정과 체험을 영상에 담아서 하고 싶은 이야기들을 전개할 수 있습니다. 봉준호 감독도 "사람들은 내 영화의 장르가 불분명하다는 이야기를 자주 한다"고 말했어요. 남들이 만들어 놓은 시스템에 매이지 말고 자신만의 길을 가라는 뜻이에요.

이제 여러분은 바다를 향해하는 선장이에요. 여러분이 돛을 올리고 방향을 정하면 자신만의 영화가 시작됩니다. 어떤 영화를 만들지는 온전히 여러분 몫입니다. 스스로 장르가 되는 거예요. 새로운 장르의 탄생은 바로 미래의 주인공인 여러분 손에 달려 있습니다. 어때요, 생각만 해도 신나는 일이죠?

영화는 게임과 어떤 관계일까요?

영화와 게임의 관계는 첫눈에 서로를 알아보는 형제 같다고 할 수 있어요. 왜 그렇게 가까워졌을까요? 우선 영화와 게임에는 스토리, 즉 이야기가 있습니다. 이를 영상으로 시각화하고 있다는 점에서 공통점이 있어요. 서사가 있으면서, 음악 등 다양한 예술 영역을 융합하고 있어요.

게임의 경우 플레이어가 몰입하려면 창조적인 서사가 필수적입니다. 게임 캐릭터마다 다양하고 깊이 있는 서사가 있을 때 좀 더 몰입할 수 있어요. 사연이 있을 때 더 도전하고 승리하고 싶은 마음이 생기니까요.

게임은 나날이 발전하고 있습니다. 요즘은 거의 진짜 세상과 차이를 못 느낄 정도예요. 그 안에 거대한 세계를 구축하고 있는 게임도 많습니다. 오늘날 세계 수많은 사람이 게임을 즐겨요. 이제 게임은 단순한 오락이 아닙니다. 우리가 살아가는 새로운 세계가 되었어요.

영화와 게임은 다른 점도 많아요. 여러분도 잘 알겠지만 영화는

‘관람’을 합니다. 관찰자의 시점에서 서사를 따라가는 입장을 취하죠. 그러나 게임은 이용자가 직접 캐릭터를 플레이합니다. 게임에서 이용자는 이야기를 진행하는 주체이고 영화에서는 수용하는 대상인 셈이에요. 이것은 게임과 영화의 중요한 차이점이에요.

각각의 장점을 합친 영화와 게임이 최근 많이 나오고 있습니다. 〈쥬만지〉 시리즈는 1995년 개봉되어 3편까지 나온 영화인데, 현실의 인물들이 게임으로 들어가 모험을 하는 내용입니다. 영화 속에서 게임이 흥미진진하게 펼쳐지지요.

영화 속 주인공이 가상의 게임 공간에서 활약하는 영화도 있습니다. 바로 스티븐 스필버그 감독의 〈래디 플레이어 원〉입니다.

영화 〈쥬만지: 넥스트 레벨〉
출처: 소니픽처스코리아

2045년을 배경으로 한 영화에서 주인공이 힘들고 괴로운 현실을 벗어나, 게임 속 가상 세계인 오아시스에 들어가서 정의를 실현합니다.

여기서 특이한 점은 가상 세계에서 주문한 옷이 현실 세계로 배달되는 것처럼 가상 세계는 현실 세계에 영향을 미친다는 거예요. '메타버스'라는 미래의 모습을 그리고 있는 것이죠. 한편 〈래디 플레이어 원〉에서는 브이아르(VR) 장치를 쓰고 가상 세계로 들어가서 싸웁니다. 그 과정에서 관람객은 자신이 좋아하는 게임 캐릭터와 만나기도 하고, 스스로가 게임 속으로 들어가는 듯한 간접 체험을 하게 됩니다.

게임이 영화로 만들어진 경우도 있어요. 게임을 하는 사람을 사용자(유저) 또는 게이머, 플레이어라고 부릅니다. 게이머 입장에서 자신이 플레이했던 캐릭터가 영화에 나오면 호기심이 생기고 쉽게 몰입하게 되지요.

예를 들면 〈리그 오브 레전드〉라는 게임은 수많은 영상물로 만들어졌고 나중에는 〈아케인〉이라는 독립된 애니메이션 시리즈물로 제작되었어요. 어떻게 이렇게 쉽게 영화화될 수 있었을까요?

일단은 게임의 촘촘한 세계관과 캐릭터 덕분입니다. 그러면 영화를 위해 따로 설정할 필요가 없어요. 예컨대 게임의 배경이 되는 룬테라 행성에는 세계 창조의 기원인 타곤산이 있습니다. 타곤산은 순례자처럼 진리를 알고 싶고 깨달음을 추구하는 자들의 성지라고 할 수 있죠. 고도가 높아 타곤산을 오르려다 사망한 사람들은 서서히 굳어져 타곤산의 일부가 되는 설정입니다.

게임 속 창조 신화는 진짜 세상처럼 지역별로 특성이 다르면서 구체적이고 촘촘하게 짜여 있어요. 룬테라 행성에는 데마시아, 프렐요드, 녹서스, 필트오버와 자운 등의 11개 지역이 있고, 동식물도 다 다릅니다. 룬테라 행성에서는 마법과 영적인 현상들이 일어납니다. 개성 넘치는 캐릭터들이 그 안에서 이야기를 만들어 나가죠.

게임과 영화를 잇는 새로운 영역을 개척했다는 평가를 받는 〈아케인〉은 이러한 세계관에 기초해 필트오버와 자운 지역에서 벌어지는 일을 토대로 영화화했어요. 여기서 벌어지는 사회 계층 간 격차와 차별은 지구 못지않습니다. 도시 자체도 위와 아래로 나뉘어, 아래에 있는 자운은 늘 회색빛이며 오염된 화학 물질이 가득하고, 부유층이 사는 필트오버는 막강한 부를 바탕으로 마법 공학을 지원한다는 설정이에요.

어때요? 게임을 하지 않는 사람도 금세 이야기에 빠져들 만하지 않나요? 이처럼 탄탄한 서사와 캐릭터 등이 인기를 얻게 한 요인이에요. 덕분에 누구나 재미있게 볼 수 있는 애니메이션으로 재탄생할 수 있었던 것이죠.

반대로 영화가 게임이 된 경우를 살펴볼까요? 영화 〈ET〉와 마블 시리즈 등이 대표적입니다. 스파이더맨도 게임 속 캐릭터로 활약하고 있어요. 이미 영화로 유명세를 누린 캐릭터라면 홍보하기도 쉽고 유저들과 금방 친해질 수 있지요. 앞으로 게임과 영화의 관계는 더 긴밀해질 거예요. 우리는 유저와 관객이 되어, 하나의 소재와 스토리를 영화와 게임 둘 다에서 깊게 경험하게 될 것입니다.

6장

시나리오,
영화의 시작과 끝

태양을 한 번도 본 적이 없는 존재로 만드는 일

시나리오는 영화를 만들기 위한 대본으로, 영화의 시작이라 할 수 있어요. 소설이나 희곡과는 다른, 영화를 위한 글이죠. 시나리오가 책으로 나오기도 하지만, 원래의 목적은 아닙니다. 영화로 만들어져야 본래의 의미를 찾고 목적도 완성됩니다. 따라서 시나리오는 영화 제작의 기초이고 시작입니다.

영화는 영상과 사운드가 결합된 예술이에요. 시나리오는 이런 영화의 특성을 충분히 고려해서 합니다. 소설과는 달리 영화적 상상력이 중요하게 작용할 수밖에 없는 것이죠.

아일랜드의 극작가 조지 버나드 쇼는 상상력은 창조의 시작이라고 말하면서, 바라는 것을 상상하고, 상상한 것을 의도하고, 의도한 것을 창조하는 것이라고 했습니다. 영화적 상상력은 창조의 시작이며, 영화를 만드는 가장 중요한 요소라고 할 수 있어요.

소설가가 글을 쓸 때는 혼자서 모든 것을 다해야 합니다. 장면도 독자가 이해할 수 있도록 자세하게 설명해야 합니다. 등장인물의 의상이나 표정 그리고 갈등이 일어날 때의 격한 감정과 장면들은 모두 작가에 의해 완성됩니다.

그러나 영화의 시나리오는 달라요. 시나리오에서 장면을 설명했다고 하더라도, 그것을 어떻게 표현할 것인가는 감독에 의해 최종적으로 결정됩니다. 결국 시나리오 작가와 영화감독의 협력을 통해 완성된다고 볼 수 있죠. 그래서 시나리오를 작가나 감독이 단독으로 쓰는 경우도 있고, 둘이 함께 쓰는 경우도 있어요.

시나리오의 종류는 둘로 나뉩니다. 하나는 새롭게 작품을 써 내려간 '창작 시나리오'이고 다른 하나는 웹툰이나 소설 등에서 이야기를 따온 '각색 시나리오'가 있습니다. 비교문학 교수 린다 허천은 각색이란 원작의 재해석과 영화적 재구성이라고 했어요. 원래 있던 작품을 영화로 만들기 위해서 그 특성에 맞게 재구성한다는 뜻입니다. 우리가 아는 많은 영화들이 각색 시나리오를 바탕으로 만들어졌습니다.

예를 들면 김용화 감독의 〈신과 함께〉는 동명의 웹툰을 원작으로 해요. 이를 각색해서 시나리오를 만들었습니다. 1993년 개봉한 스티븐 스필버그 감독의 〈쥬라기 공원〉도 마이클 크라이튼의 베스트셀러 소설을 원작으로 했어요. 이 밖에도 〈올드보이〉,

영화 〈신과 함께-죄와 벌〉
출처: 리얼라이즈픽쳐스

〈남한산성〉, 〈해리포터〉, 〈반지의 제왕〉 등 대중의 사랑을 받은 수많은 영화가 각색 시나리오로 만들어졌어요.

그렇다면 원작 없이 새롭게 시나리오를 창작하려면 어떻게 해야 할까요? 시나리오를 쓴다는 것은 '태양을 한 번도 본 적이 없는 존재로 만드는 일'이에요. 예를 들어 보겠습니다. 한 시나리오 작가가 '태양이 없는 지구'를 영화적으로 상상합니다.

작가는 그런 세상에 사는 지구인을 그립니다. 작가는 이들에게 한 번도 본 적이 없는 태양을 선사하면서 그때 지구인들이 느낄 기쁨을 상상력을 동원해 그려내죠. 악당도 등장합니다. 태양의 존재를 부정하고 다시 옛날로 돌아가고 싶은 사람들이 어둠의 세력을 규합해 태양을 가리려고 해요.

긴장감이 흐르고 영화적 상상력은 계속됩니다. 우리가 일상에서 늘 보는 태양을, 시나리오 작가는 한 번도 본 적이 없는 존재로 만들어야 합니다. 있는 것을 없는 것으로 상상하는 거예요. 한 번도 본 적이 없는 것처럼 태양을 상상할 때, '태양의 나라'는 태어납니다. 이런 상상력으로 쓰인 시나리오는 멋진 영화로 다시 태어날 거예요. 현실에 있는 것을 마치 없는 것처럼 새롭게 상상하는 일을 한 거예요.

새로운 상상은 새로운 세계를 만듭니다. 자신만의 스타일과 이야기와 경험이 한 편의 시나리오로 탄생합니다. 시나리오는 영화가 되고 영화를 통해 사람들은 서로 만나요. 한 사람의 상상력이 관객과 만나 함께 호흡하게 될 것입니다. 시나리오의 본래 사명은 영화로 만들어 사람들과 소통하는 것이라는 점을 분명히 기억해야 합니다. 영화로 만들어졌을 때 시나리오는 비로소 그 가치를 실현할 수 있습니다.

스토리와 플롯의 차이가 뭐예요?

우리는 일상 속에서 수많은 스토리를 만납니다. 책이나 드라마, 영화, 뉴스에도 스토리는 가득합니다. 우리는 그런 이야기를 통해서 관계를 맺고 동질감을 느껴요. 이야기는 사람들 사이를 연결합니다. 인류는 아주 예전부터 그래 왔어요. 이야기를 통해 나와 타인이 관계를 맺으며 다양하게 만날 수 있었습니다.

좋은 시나리오를 쓰려면 이러한 이야기의 속성을 알고 있어야 합니다. 또한 사람들은 재미있고 신기한 이야기를 좋아합니다. 그만큼 시나리오도 독창적이고 독보적이어야 합니다. 좋은 시나리오를 쓰려면 스토리와 플롯을 먼저 이해할 필요가 있어요.

그렇다면 스토리와 플롯의 차이는 무엇일까요? 스토리는 시간적 순서대로 이어지는 이야기입니다. 반면에 플롯은 인과 관계를 중심으로 재구성된 이야기예요. 『전망 좋은 방』을 쓴 영국의 소설가 E. M 포스터는 다음과 같이 이 둘의 차이를 설명합니다.

"왕이 죽었다. 그리고 왕비도 죽었다"라고 말할 때는 스토리가 되지만, "왕이 죽고 나서 너무나 슬퍼서 왕비도 죽었다"라고 할 때는 플롯이라고 말했어요. 스토리는 시간 순서로 나열한 사건에 불과하지만 플롯에는 여기에 '너무나 슬퍼서'라는 인과 관계가 강조됩니다.

시간 순서를 뒤집어서 원인과 결과를 궁금하게 만들거나 명확하게 드러내기도 합니다. "철수가 영희의 가방을 들었다"는 스토리입니다. 그러나 "영희의 무거운 가방을 보고 철수가 안타까워하고, 급기야는 영희의 가방을 들게 되었다"는 플롯입니다. 영화는 플롯을 통해 단순한 스토리를 설득력 있게 전달합니다. 그러면서 영화에 긴장이나 급박함, 충격을 더해 주기도 하죠.

영화 〈해리포터〉는 소설을 원작으로 합니다. 그런데 영화는 소설의 스토리를 그대로 따라가지 않아요. 소설과는 다른 플롯을 구성했어요. 그래서 이미 소설을 읽은 관객들도 흥미롭게 영화를 지켜볼 수 있었지요.

또 다른 예를 들어 볼게요. 로버트 저메키스 감독의 1994년 작 〈포레스트 검프〉는 많은 사람이 '인생 영화'로 꼽는 명작이에요. 이 영화의 플롯도 재미있습니다. 영화는 시간 순서대로 스토리를 전개하지 않아요. 영화의 시작은 깃털 하나입니다.

영화 〈포레스트 검프〉
출처: (주)피터팬픽쳐스

깃털 하나가 가볍게 바람에 살랑거리며 날아가더니, 벤치에 앉아 있는 어떤 남자의 발아래에 떨어집니다. 남자는 깃털을 주워 자신의 가방 안에 넣는데, 조금 후에는 한 여자가 벤치에 앉아요. 주인공이 상자에서 초콜릿을 꺼내 옆자리 여성에게 건네며 이야기를 시작하는 동시에 영화는 플래시백을 통해 과거로 돌아갑니다.

'플래시백'은 사진을 찍을 때처럼 플래시가 번쩍하고 빛을 내는 효과를 뜻해요. 백이 '뒤'라는 뜻이어서 영화에서 과거로 돌아갈 때 쓰는 기법이에요. 〈포레스트 검프〉는 현재-과거로 진행하는 플롯으로 이야기에 재미를 더하고, 관객들의 공감을 불러옵니다.

과거를 보여 주는 다른 방법으로 '내레이션'이 있어요. 내레이션은 다큐멘터리 영화에서 유용한데 보통 설명조 이야기가 이어집니다. 그래서 사용할 때 주의해야 해요. 딱딱하고 지루해서 흥미를 떨어뜨릴 수 있기 때문입니다.

현재에서 미래를 보여 주는 방법으로는 '플래시 포워드' 기법이 있습니다. 플래시백이 뒤라면 플래시 포워드는 말 그대로 '앞'입니다. 플래시가 터지면서 미래로 가는 거예요.

이처럼 시간을 초월하는 플롯은 영화를 극적이게 하는 중요한 요소예요. 고대 철학자 아리스토텔레스도 『시학』에서 플롯을 이야기하면서, 반전과 같은 극적 요소는 개연성이 있어야 한다고 강조했어요.

아리스토텔레스는 특히 반전이란 '앞에서 일어난 일과 정반대의 상황이 일어나는 것'이라면서 반전의 중요성을 강조했어요. 이 말을 우리는 쉽게 이해할 수 있어요. 실제로 반전 있는 영화는 흥미진진하고 재미있습니다. 기원전에 이미 그런 사실을 알고 있었다니 옛사람들의 통찰이 놀라울 따름이에요.

다음으로 영화에서 중요한 요소가 바로 '메타포'예요. 메타포는 우리말로 '은유'입니다. 누군가 "내 마음은 바다야." 혹은 "내 마음은 꽃이야"라고 했을 때 이런 표현이 바로 은유, 즉 메타포입니다. 마음을 바다나 꽃에 빗대어 설명한 거예요. 이처럼 영화도 영화적 메타포로 메시지를 전합니다.

어떤 영화에서 마지막 장면이 온통 어둡고 기괴한 색채라면, 사람들은 색을 통해 이 영화가 슬프거나 비극적인 결말을 맺는구나, 하고 생각하게 될 거예요. 색깔을 메타포로 사용한 예입니다. 또 슬픈 일들이 연이어 터졌지만 탈 배의 이름이 '행복호'라면 어떨까요? 관객들은 앞으로 주인공에게 기쁘고 행복한 일이 벌어지지 않을까? 하고 기대하게 됩니다. 이때는 '행복호'라는 배의 이름이 영화적 메타포로 작용하는 거죠. 이렇게 플롯과 메타포는 같은 이야기라도 다른 느낌과 의미로 다가가게 합니다.

마지막으로 시나리오에서 강조하고 싶은 것은 바로 '첫 장면'입니다. 영화에서 첫 장면은 매우 중요해요. 미국 영화감독 앨프레드 히치콕은 "영화가 줄 수 있는 놀람과 재미는 첫 장면에서 거의 결정된다. 어떻게 시작할 것인가에 대한 비전을 가지고 있지 않은 영화를 봐줄 인내심 있는 관객은 그리 많지 않다"고 했어요.

스크린에 등장하는 첫 장면부터 관객을 사로잡아야 한다는 뜻이에요. 시나리오에서 첫 장면에 대한 중요성은 아무리 강조해도 지나치지 않아요. 그래서 많은 영화에서 앞부분이 영화 전체에 대한 강렬한 암시를 가지는 경우가 많습니다. 관객들의 호기심을 자극해 끝까지 영화를 보게끔 만들려는 거예요.

우리가 스토리와 플롯, 메타포의 의미를 이해하고 적재적소에 쓸 줄 안다면, 그리고 첫 장면을 인상 깊게 전달한다면, 좋은 영화의 첫걸음이 시작된 셈이에요. 그렇게 만들어진 영화를 보는 관객들은 재미있고 감동적인 경험을 할 가능성이 큽니다.

시나리오 잘 쓰는 법

여러분은 영화에서 어떤 장면이 가장 인상에 남나요? 사람들은 보통 등장인물 즉, 캐릭터가 겪었을 고통, 행복 같은 것들에 많이 공감합니다. 그래서 그런 것들이 가장 잘 드러나는 장면을 오래 기억하게 되지요. 시나리오에서 캐릭터의 중요성은 여러 번 강조해도 지나치지 않아요. 좋은 시나리오의 요소로 등장인물, 대사, 사건 등을 꼽는 이유입니다.

어떤 캐릭터를 설정하는가에 따라 영화는 달라집니다. 〈셜록 홈스〉에서는 셜록이, 〈스파이더맨〉에서는 스파이더맨이 주인공이고 영화의 핵심이에요. 캐릭터가 영화의 모든 것을 말해 줍니다.

많은 시나리오 작가들은 등장인물의 중요성을 강조해 왔어요. 좋은 시나리오에는 항상 적합한 등장인물이 나오고 이들이 나누는 대사는 의미심장하며 흥미로운 사건이 벌어집니다.

그러면 영화적으로 훌륭한 인물은 어떻게 탄생할까요? 고대 철학자 아리스토텔레스에서 해답을 얻을 수 있습니다. 그는 『시학』에서 모방의 중요성을 강조하면서 행동하는 인간을 모방하는 것을 바로 극이라고 했어요.

여러분이 공감했던 캐릭터를 한번 떠올려 보세요. 마치 우리 이웃처럼 친숙한 인물도 있을 것이고 히어로 같은 캐릭터도 있을 거예요. 중요한 건 이들이 공통적으로 평범한 보통 사람의 측면을 갖고 있다는 거예요. 영화 속 캐릭터는 현실을 모방합니다. 그래야 우리가 공감할 수 있어요. 만약 어떤 캐릭터가 완전무결하고 비인간적이라면 우리는 그가 겪는 고통이나 행복에 공감하기 어려울 거예요. 남의 이야기처럼 느껴지니까요. 훌륭한 영화는 마치 '내 이야기'처럼 느끼게 하는 인간적인 캐릭터가 등장해야 해요. 그러려면 인간에 대해 깊게 고민하고 성찰해야 합니다.

좋은 등장인물은 여러분의 직·간접적인 경험에서 나옵니다. 그래서 시나리오를 잘 쓰려면 무엇보다 세상일과 사람에게 관심이 많아야 합니다. 특히 사람들의 아픔에 공감하고 그들의 목소리에 귀 기울여야 해요. 길을 지나가다 언뜻 보게 되는 사람들의 얼굴에 비친 그늘과 기쁨도 그냥 흘려보내지 않는 태도가 필요해요.

좋은 영화의 소재는 우리 삶 속에 있습니다. 그런 의미에서 가족 간의 사랑과 믿음도 좋은 시나리오를 쓰는 데 소중한 경험이 됩니다. 부모님의 사랑을 소재로 한 주옥같은 영화들이 있잖아요. 그 이야기들이 과연 어디에서 왔을까요? 아마도 시나리오 작가 자신의 삶이 투영되어 있지는 않을까요?

시나리오의 소재로 삼은 사건과 인물은 그 자체로 작가의 세계관을 보여 줍니다. 특히 역사적 인물은 단골이라 할 만큼 자주 등장해요. 사람들은 역사 속 인물과 관련한 이야기에 흥미를 느낍니다. 사도 세자나 사도 세자의 아들인 정조에 대한 이야기가 반복적으로 영화화되는 이유입니다.

그런데 같은 소재를 다룬다고 해도 영화마다 이야기가 다릅니다. 영화마다 '관점'이 다르기 때문이에요. 역사를 어떻게 보느냐에 따라 다른 영화가 됩니다. 여러분이 사도 세자에 대한 영화를 만든다면 어떻게 시나리오를 쓰고 싶어요? 아버지와 아들의 갈등에 초점을 맞출지 당시 정치적 상황을 중심으로 둘지는 전적으로 여러분의 선택입니다. 아버지 영조의 사랑을 받지 못하고 신경증에 걸린 불쌍한 아들로 그릴까요? 아니면 권력 싸움의 틈바구니에서 희생된 비운의 왕세자로 그릴까요? 또 수많은 궁궐 사람들을 죽인 살인자로 그릴 수도 있겠죠.

어떤 경우든 시작은 사도 세자라는 '인물'에 대한 진지한 고민과 공부에서 시작해야 합니다. 사도 세자가 100여 명의 사람을 죽인 폭군이었다는 점, 영조의 명에 의해 뒤주에 갇혀 죽었다는 점은 명백한 역사적 사실입니다. 하지만 영화에서 사실은 아주 작은 부분에 지나지 않아요. 나머지는 여러분이 채워야 해요.

사람들은 역사 영화를 과거에 일어난 일에 불과하다고 생각하며 보지 않습니다. 과거형이 아닌 현재형으로 봐요. 그 이유는 인류의 역사와 삶이 되풀이되고 있기 때문일 거예요. 과거에 있었던 일은 현재도 그 나름대로 의미를 갖게 됩니다. 좋은 시나리오를 쓰려면 역사적 사실을 확인하고 자기 나름의 관점으로 시나리오를 써야 합니다. 영화가 아무리 상상력의 산물이라 해도 사도 세자를 성공한 세자로 그릴 수는 없으니까요.

인물(캐릭터) 다음으로 강조해야 할 것은 바로 '대사'입니다. 관객들은 영화의 대사를 떠올리며 영화가 전하는 메시지를 생각합니다. 영화 〈기생충〉 하면 생각나는 대사들이 많지만, 개인적으로 "냄새가 선을 넘지"라는 박 사장의 대사가 가장 인상 깊었습니다. 냄새로 계급과 계층을 나눈다는 말은 신선하고 독특했어요. 오랫동안 기억에 남았습니다.

미국영화연구소(AFI)가 2005년에 '미국 영화의 100대 명대사'를 선정했습니다. 이때 〈바람과 함께 사라지다〉에서 레트가 스칼렛에게 한 대사가 1위를 합니다. 레트는 스칼렛과 헤어지려고

영화 〈바람과 함께 사라지다〉
출처: (주)피터팬픽쳐스

집을 나섭니다. 스칼렛이 뒤따라 나오며 "나는 이제 어떡하죠?" 라고 묻자 레트가 쓸쓸한 표정으로 이렇게 말해요. "솔직히 말해서, 내 사랑, 내 알 바 아니오(Frankly, my dear, I don't give a damn)."

이 대사는 두 사람의 애증을 아주 간명하게 표현하고 있다는 평가를 받습니다. 즉 이 한마디에 그동안 있었던 사건과 복잡 미묘한 감정 변화가 모두 담겨 있는 거예요. 좋은 대사는 그 영화의 줄거리와 메시지에 어울려야 합니다. 길게 설명조로 쓰거나 자신의 주장을 강요하듯 웅변하기보다는, 간결하고 단순하지만 관객의 마음에 꽂히는 식이어야 해요.

시나리오 대부분을 대사가 차지합니다. 그래서 작가는 대사에 공을 들일 수밖에 없어요. 그렇지만 잘 써야 한다는 강박관념은 도움이 되지 않습니다. 구도를 잘 잡아 인물 간 대화 흐름이 자연스럽게 흘러가도록 하는 게 좋습니다.

시나리오 3막 구조가 뭐예요?

시나리오의 구도는 흔히 '3막 구조'로 설명합니다. 바로 역사적으로 인류가 가장 오래도록 사용해온 구도인 발단-전개-결말을 말해요. 이를 다시 세분화해서 '기승전결' 혹은 발단-전개-갈등-절정-결말로 이야기하기도 합니다. 하지만 기본은 이 '3막'이에요.

아리스토텔레스는 『시학』에서 서사시에 플롯에 관해 이야기하면서 "처음과 중간과 끝이 있어야 하고 전체적으로 통일되어야 한다"고 했어요. 시나리오도 마찬가지예요. 시작이 있고 중간이 있고 끝이 있습니다. 통상적으로 장편 영화 시나리오를 쓸 때 시작과 중간과 끝부분을 일정 비율로 나누고 각각 시간을 배정해서 쓰기도 해요. 구분하여 쓰는 지점이 있다는 뜻이에요.

'시작' 부분에서는 주요 등장인물이 나오고 이야기가 진행될 장소, 시기와 환경 등을 간략하게 소개합니다. '중간'에서는 위기와 갈등이 펼쳐지는데, 갈등은 사람과 사람의 갈등, 개인과 사회의 갈등, 그리고 집단과 집단의 대립 등 다양한 양상으로 전개되죠. 갈등의 후반부, 즉 절정은 '클라이맥스'라고 해서, 인과 관계에 의해 위기가 극한으로 치닫게 됩니다.

그런데 이때 갈등과 위기가 전개되는 과정에 잠깐의 휴지기를 넣어 강약을 조절하기도 합니다. 너무 쉼 없이 치닫다 보면 관객들도 힘이 드니까요. 계속 긴장을 유지하는 것보다는 강약을 조절하는 게 더 효과적이에요. 잠시 마음을 놓고 있다가 깜짝 놀라게 하는 식으로 진행하여 보는 이로 하여금 더욱 손에 땀을 쥐게 하는 것이죠.

흐름을 완전히 뒤집는 반전도 생각해 볼 만합니다. 그러면 이야기가 밋밋하지 않고 흥미롭게 전개될 수 있어요. 그런데 여기서 갈등과 위기란 무엇일까요? 쉽게 말하자면 주인공 생각대로 일이 풀리지 않고 뭔가 사건이 꼬이고 해결이 어려워지는 것입니다.

결말은 드디어 이야기가 대단원의 막을 내리는 것입니다. 결말에는 닫힌 결말과 열린 결말, 두 종류가 있어요. 열린 결말은 직접적으로 사건을 종결하지 않는 방식입니다. 다양한 해석과 추측이 가능하기에 관객은 영화적 상상력을 발휘해 자신만의 결말을 맺게 됩니다.

닫힌 결말은 해피엔딩이나 새드엔딩으로 깔끔하게 결론을 내리는 방식입니다. 열린 결말이 모호함으로 관객의 참여를 유도한다면 닫힌 결말은 그럴 여지가 없습니다. 많은 영화가 사실상 닫힌 결말을 사용하지만, 열린 결말 작품들도 자주 나옵니다. 이런 영화들은 보고 났을 때 그 여운이 더 길게 남기도 합니다.

또한 이야기를 풀어나가는 방식에 따라 시나리오를 다음 세 가지 종류로 나눌 수 있어요. 첫째는 원인을 먼저 보여 주고 결과를 찾아가는 방식이에요. 〈레미제라블〉, 〈쥬라기 공원〉 등 많은 시나리오가 여기에 해당합니다.

둘째는 거꾸로 결과에서 원인으로 가는 방식이에요. 영화 〈시네마 천국〉은 성공한 감독 토토가 어린 시절 아버지처럼 여겼던 알프레도의 부고를 전해 듣는 것으로 시작합니다. 고향을 찾아간 토토가 옛일을 회상하면서 본격적으로 영화가 전개됩니다. 셋째로 에피소드식 구성이 있어요. 각각의 에피소드가 모여서 하나의 시나리오를 이루는 거죠.

지금까지 시나리오의 구조에 대해 알아보았는데요. 이 밖에도 시나리오에는 장소와 시간에 대한 설명이 있어야 합니다. 낮인지, 밤인지 아니면 비가 내리는 새벽녘인지, 화창한 오후인지 등에 대한 설명을 달아야 합니다.

등장인물의 이름도 중요해요. 한 사람의 이름은 성격이나 직업, 성장 배경 같은 것을 짐작하게 합니다. 여러분이 시나리오를 쓸 때 이름을 정하는 순간 그 인물이 정말 살아 있는 사람처럼 여겨지고 애정이 담뿍 담기게 될 거예요. 이들이 하는 말, 즉 대사에는 사건과 인물이 여러 측면이 반영되고요. 한 편의 시나리오에는 이 모든 것들이 잘 버무려져 있어야 합니다.

그러나 너무 걱정하지 마세요. 처음부터 잘할 수는 없으니까요. 어쨌든 한 편의 시나리오를 완성하는 게 중요해요. 서툴더라도 하나의 시나리오를 완성하면 자신감이 생기고 구성에 대한 감각도 키울 수 있습니다. 퇴고 과정도 중요합니다. 작품 전체의 흐름을 느끼고 고치고 다시 써 보는 과정이야말로 반드시 거쳐야 할 관문이라고 할 수 있어요.

로그라인, 시놉시스, 트리트먼트

영화의 모든 이야기는 '로그라인'에서 시작됩니다. 로그라인은 한 문장으로 줄거리를 요약하는 것입니다. 사실상 여기에 영화의 모든 것이 담겨 있어요. '한 줄 소개'라고 할 수 있는 로그라인은 간결하게 작성해야 합니다. 그래야만 유용하게 사용할 수 있어요. 작가가 작품을 다른 사람들에게 이야기하거나 홍보할 때도 씁니다.

로그라인 안에 들어가야 할 것은 먼저 영화의 배경입니다. 예를 들어 바닷가 마을이나 시골의 작은 집이 그래요. 다음으로 주인공이 있어야 합니다. 또한 주인공을 괴롭히고 힘들게 하는 악당이나 걸림돌을 설정해야 합니다.

마지막은 결론이 되는 미션이나 해결 방안에 대한 암시를 둠으로써 영화의 로그라인이 완성됩니다. 이는 영화라는 구조물을 세우는 데 든든한 기둥 역할을 합니다. 이를 통해 영화의 전체 뼈대를 갖춰 나갈 수 있어요.

김지운 감독의 영화 〈밀정〉을 예로 든다면 "일제 강점기에 독립군과 밀정이 조선총독부 폭파를 위해 동지가 된다"가 영화의 로그라인입니다. 여기서 보듯 로그라인은 함축적으로 영화의 특성을 담되, 이해하기 쉽고 명료해야 합니다. 그러려면 관련 없는 내용은 가급적 빼야겠지요. 핵심을 간결하고 설득력 있는 문장으로 표현해야 합니다.

다음으로 '시놉시스'와 '트리트먼트'라는 것이 있습니다. 영화의 줄거리를 요약한 것을 말해요. 제작자들이 영화를 선택할 때 가장 많이 참조하는 것이 바로 '시놉시스'입니다. 그걸 보고 어떤 영화인지 감을 잡은 후에 투자를 결정해요.

수많은 시나리오를 다 읽을 수 없기에, 시놉시스를 먼저 보고 그 중 하나를 선택하는 거예요. 시놉시스보다 좀 더 자세하게 내용을 정리한 것이 '트리트먼트'입니다. 영화 시나리오를 쓸 때 로그라인부터 시작해서 시놉시스를 만듭니다. 그리고 트리트먼트를 거쳐 본 작업에 들어가면 훨씬 더 효율적으로 작성할 수 있어요.

이런 과정을 거치지 않으면 원래의 의도를 벗어나 이야기가 삼천포로 빠질 수 있어요. 차근차근 단계적으로 써 나가면 시나리오가 좀 더 촘촘하고 섬세해집니다. 이렇게 해서 만들어진 영화들은 완성도가 뛰어나서 장면 장면이 더욱 생생하고 사실적으로 느껴지지요.

로그라인과 시놉시스, 트리트먼트는 좋은 시나리오로 가는 출발점입니다. 이러한 사실을 명심하고 훈련을 계속해 나가면 좋은 성과를 얻을 수 있을 거예요. 무엇보다 시작이 중요합니다.

7장

나만의 스타일로 영화 만들기

몽타주와 미장센이 뭐예요?

영화를 만드는 사람들은 적은 제작비로 어떻게 하면 더 좋은 영화를 만들 수 있을까 고민했어요. 그런데 처음부터 장면이 계속 이어지도록 길게 찍은 '롱테이크' 방식은 비용이 너무 많이 들었고, 보다 더 효율적인 방법이 필요했죠.

그래서 영화인들은 여러 가지 모색과 실험을 했어요. 예컨대 주인공이 우주의 어느 별에 있는 장면을 찍는다고 할 때, 직접 우주로 가서 영화를 찍어야 할까요? 다른 방법이 있지 않을까요? 우주에 가지 않고도 영화를 만드는 기술, 이것이 바로 편집 기법인 '몽타주'예요.

영화의 편집에는 두 가지 측면이 있어요. 하나는 잘못 찍은 것과 지루한 부분을 잘라내는 편집이 있어요. 필름 카메라 시절에는 실제로 필름을 자르고 붙이면서 편집했어요. 여러분은 상상하기 어렵겠지만 옛날에는 실제 가위로 일일이 필름을 확인해 잘못 찍은 장면이나 삭제할 장면을 잘라내는 이른바 '가위질'을 했습니다.

또 다른 하나는 우리가 이야기할 '몽타주'입니다. 여러분도 몽타주라는 말을 들어 보았지요? 아마도 범죄자의 얼굴을 그린 몽타주가 떠오를 거예요. 그런데 영화에서는 다른 뜻으로 쓰입니다.

다시 우주에 대한 이야기로 돌아가서 설명할게요. 우주를 배경으로 한 장면을 찍으려는데 현실적으로 힘듭니다. 비용도 많이 들고 기술적으로도 어려움이 있어요. 그렇다면 이 방법은 어떨까요? 태양이나 달의 화면을 먼저 보여 주고, 사람이 울퉁불퉁한 달 표면 같은 땅 위에 서 있는 장면을 이어서 보여 줍니다. 그런 다음에 다시 우주의 행성 등을 보여 주면 자연스럽게 지금 인간이 우주에서 무언가를 하고 있다고 생각하게 돼요.

몽타주라는 말은 원래 프랑스어로 '조립'을 의미해요. 여러분도 장난감 조립 같은 걸 해보았다면 알 거예요. 같은 재료로도 조립 방식에 따라 다양한 모양으로 만들 수 있습니다. 몽타주도 마찬가지예요. 따로따로 촬영한 장면을 이어 붙여서 스토리를 만드는 기법입니다.

이로써 영화인들은 많은 비용을 들이지 않고도 원하는 장면을

영화 〈전함 포템킨〉

찍을 수 있게 되었죠. 영화인들에게는 '신대륙 발견' 이상이었지요. 특히 가난한 감독들에게 몽타주 기법은 정말 혁명적인 일이었습니다.

몽타주 기법은 러시아에서 발전했어요. 1917년 러시아에서 사회주의 혁명에 성공한 소비에트 정권은 그 정당성과 대의를 국민들에게 교육시키려 했어요. 그렇지만 글을 모르는 사람들이 많아서 어려움을 겪고 있었지요. 이때 영화가 큰 도움이 되리라는 걸 알게 되었죠.

소비에트 정권은 영화를 통해 사회주의를 알리고자 했습니다. 그 과정에서 영화를 촬영한 후 편집 단계에서 스토리를 짜 나가는 몽타주 이론을 발전시켜 나갔어요. 레프 쿨레쇼프는 몽타주 실험을 통해 영화 이론을 발전시켰고, 프세볼로드 푸도프킨은 "영화 예술의 기초는 편집"이라는 유명한 말을 남겼어요. 〈전함 포템킨〉으로 유명한 세르게이 에이젠슈테인은 몽타주 이론을 한층 발전시킵니다.

다음은 '미장센'에 대해 알아보겠습니다. 영화 프로그램이나 평론을 보면 '미장센'이라는 말이 자주 나와요. 무슨 뜻일까요? 이는 프랑스어로 영화 장면 안에 배치해 놓은 모든 것을 가리켜요. 감독이 영화를 촬영할 때 배경을 이루는 모든 것들이 미장센입니다.

'미장센의 대가'로 불리는 박찬욱 감독은 액자와 벽지, 주인공의 헤어스타일과 거울 속 장면, 우산과 가위 같은 소품에 이르기까지, 하나하나 섬세하고 매혹적인 미장센 연출을 보여 줍니다.

색다른 미장센의 예로 김지운 감독의 〈좋은 놈, 나쁜 놈, 이상한 놈〉이 있어요. 장총을 들고 말달리는 장면, 카우보이 모자를 쓴 주인공 등 서부 영화에서나 볼 수 있는 미장센으로 새로운 느낌을 주었습니다. 이처럼 의상이나 분장, 배경과 배우의 동작 등을 포함해서 영화적 표현을 위한 연출 일체를 미장센이라고 해요. 하나의 장면을 연출할 때 구구절절 긴 설명보다는 하나의 압축적인 미장센이 효과적일 때가 많아요. 인물과 인물 간의 심리적인 갈등과 영화의 메시지도 미장센을 통해 드러나죠.

미장센은 감독의 개성을 드러냅니다. 이를 통해 감독은 자신만의 영화를 만들 수 있어요. 희미한 전등, 꽃무늬 소파, 우스꽝스러운 분장을 통해 영화가 주려는 메시지를 관객과 자연스럽게 소통할 수 있게 하죠. 미장센의 힘이 영화를 더욱 영화답게 하고, 관객과 영화를 하나로 묶으면서 오래 기억될 추억의 영화로 만듭니다.

숏, 신, 시퀀스
- 영화를 찍을 때 꼭 알아야 할 용어들

'숏'(shot)을 이야기하기 전에 먼저 '프레임'에 대해 살펴볼게요. '프레임'(frame)은 우리말로 '액자'라는 뜻이지요. 영화에서도 이와 마찬가지로 '화면의 틀'을 가리켜요. 영화에서 멋진 장면을 찍으려면 이 '프레임'을 잘 잡아야 해요. 그래서 감독들은 영화를 촬영할 때 어떤 프레임으로 찍을 것인가를 고민하죠. '액자' 안에 넣을 것과 뺄 것을 잘 결정해야 합니다. 이렇게 만들어진 프레임들이 모여 한 편의 영화가 됩니다.

그렇다면 숏은 무엇일까요? 숏은 촬영을 중단하지 않고 한꺼번에 찍은 장면들을 말합니다. 여러분이 영화를 찍는 장면을 볼 때 감독이 "액션!" 하고 말로 지시하는 걸 본 적이 있죠? 그러면 카메라가 촬영을 시작합니다. 그러고 다시 감독이 "컷!" 하고 외치면 끝이 나요. 배우들도 이때는 쉬면서 다음 숏을 준비합니다.

편집 과정을 통해서 이렇게 찍은 숏들을 연결하거나 잘라내면서 영화가 완성되는 거예요.

'컷'(cut)이라는 말도 쓰입니다. 숏과 비슷하지만 엄격히 말하면 차이가 있어요. 숏이 촬영 단위라면 컷은 편집 단위예요. 우리가 영화를 볼 때는 따로 숏을 의식하지 않습니다. 자연스럽게 이어진 동영상 전체로 인식하죠. 숏 하나하나를 세면서 영화를 보지 않잖아요? 보통 한 편의 장편 영화는 1000개의 숏으로 이루어진다고 합니다. 숏을 길게 잡는 감독도 있어요. 한 번에 오래 촬영하는 경우 즉, 롱 테이크로 찍으면 100개 이하의 숏으로 영화가 구성되기도 해요.

촬영 거리에 따라 숏은 '롱 숏'과 '클로즈업 숏'으로 나눌 수 있습니다. 영화를 볼 때 멀리서 거리를 두고 찍은 장면이 바로 '롱 숏'이에요. 클로즈업은 밀착해서 찍습니다. 보통 인물의 감정이나 표정을 드러내려고 배우의 얼굴 가까이 카메라를 가져가요. 이렇게 하는 이유는 뭘까요? 관객들이 좀 더 상황을 잘 이해하고 공감하도록 유도하기 위해서입니다. 슬퍼서 눈물을 흘리는 배우의 얼굴을 멀리 떨어져서 '롱 숏'으로 찍는다면, 관객은 이 사람이 우는지 웃는지 잘 몰라요.

숏에서 피사체와 카메라의 거리가 극단적으로 가깝거나 멀 때가 있어요. 영화 〈아바타〉에서처럼 눈을 극단적으로 확대해서 찍었다면 '익스트림 클로즈업 숏'이 됩니다. 반대로 사막에서 사람이 낙타를 타고 가는 장면을 찍을 때 끝없이 펼쳐진 모래사막의 분위기와 배경을 강조하려고 인물은 아주 작게 찍는다면 '익스트림 롱 숏'이 될 거예요. 서로 대조적인 이 두 기법은 촬영 효과를 극대화하려고 쓰인다는 공통점이 있어요.

'클로즈업 숏'보다는 멀고 '롱 숏'보다는 가까운 카메라 시점도 있습니다. '중간'이란 뜻의 '미디엄 숏'이에요. 보통 인물을 머리에서 허리까지 상반신만 잡는 프레임을 생각하면 돼요. 미디엄 숏은 대화 장면을 찍을 때 많이 사용됩니다. 인물 간 관계를 잘 드러낼 수 있고, 주위 상황을 표현할 때도 유용하겠죠. 미디엄 기법을 적절하게 활용하면 영화 분위기를 잘 살려 관객들의 몰입을 도울 수 있어요.

다음으로 많이 쓰는 용어로 '신'(scene)이 있습니다. 우리도 일상에서 가끔 사용할 정도로 대중적인 용어예요. 영화를 보고 이야기할 때 '이별 신' 혹은 '전투 신'이라는 말을 사용해요. 신은 여러 개의 숏이 합쳐져 만들어집니다. 신은 같은 장소에서 동 시간대에 만들어집니다. 따라서 장소가 바뀌면 신도 바뀌어요. 영화에 대한 추억은 대개 이러한 '신'들로 떠오릅니다.

숏이 모여서 신을 이루었다면, 이러한 신들이 모여 하나의 시퀀스가 됩니다. 시퀀스는 '영화 속 영화'라고 할 수 있어요. 그 자체로도 완결성을 갖고 있지만 완성된 영화처럼 하나의 흐름을 만들지는 못합니다. 여러 개의 시퀀스가 모여서 하나의 영화가 돼요. 따라서 시퀀스를 잘 만들면 영화가 훨씬 더 풍성하고 재미있어집니다.

이상으로 편집과 촬영에서 쓰이는 용어들을 살펴보았는데요. 이러한 개념은 영화의 짜임새와 관련이 있어요. 다만, 숏과 신, 시퀀스 같은 개념들은 상대적이에요. 촬영할 때 하나의 숏으로 찍었더라도 편집 과정에서 나누고 쪼개서 여러 개의 숏으로 만들 수 있습니다.

영화는 촬영이 기본이지만 요즘은 편집의 비중이 점차 커지고 있습니다. 하나의 촬영본도 어떻게 '편집'하느냐에 따라 정말 다른 영화처럼 보인답니다. 이런 다양한 편집 기법과 개념을 잘 이해하고 활용하는 게 중요해요. 영화를 구성하는 데 필요한 요소들을 하나도 소홀히 하지 않으면서 모든 과정을 잘 거쳐 나가야 좋은 영화가 탄생하겠죠.

소리와 음악
- 영화를 실감 나게 하는 장치들

영화에 소리가 없다면 어떻게 될까요? 보는 내내 답답하고 감동도 반으로 줄어들 거예요. 물론 무성 영화처럼 소리가 없는 작품도 큰 감동을 줄 수 있어요. 하지만 여기에 소리를 입히면 훨씬 재미와 감동이 더하겠죠. 기술의 발전으로 처음 유성 영화가 탄생했을 때 관객들이 느낀 흥분과 즐거움은 이루 말할 수 없었어요. 최초의 유성 영화 〈재즈 싱어〉는 큰 성공을 이루면서 이후 유성 영화의 시대를 활짝 열었습니다.

영화에서 소리는 효과음 같은 음향과 음악, 음성 등의 형태로 등장합니다. '음향'은 사물이 내는 소리입니다. 영화에서는 물소리, 의자 삐걱대는 소리, 총소리 등이나 "짜잔!" 하는 소리처럼 어떤 순간을 강조하는 효과음이 나오죠. 이런 음향들은 영화의 분위기와 스타일에 영향을 끼치며, 관객이 영화의 주제에 빠르게 접근하게 합니다. 장면에 사실감을 부여하고 긴장감을 고조시키지요. 신비로운 느낌을 선사하거나 인물이 느끼는 감정을 드러내기도 합니다.

소리가 큰 효과음은 위협적이고 강한 느낌을 주며, 조용한 효과음은 섬세한 느낌이 들게 합니다. 영화에서는 우리가 일상에서 자주 듣는 소리는 물론 낯선 소리도 등장합니다. 이런 것들은 실제 사물에서 얻거나 장비를 통해 만들어 내요.

효과음을 사용하는 예를 들어 볼게요. 영화 속 인물의 심장 박동 소리가 점점 커집니다. 관객들은 이를 통해 이 사람이 얼마나 초조한지, 긴장하고 있는지를 알 수 있어요. 효과음은 관객들의 감정에도 영향을 미쳐요. 한 장면의 발걸음 소리를 불안하게 하기도 하고 유쾌하게 하기도 합니다.

음향 효과가 도드라지는 장르는 공포물입니다. 섬뜩한 소리와 비명은 관객에게 몰입감을 더해 줍니다. 날카롭고 높은 음향이 공포를 일으키지요. 긴장감을 고조시키기 위해 빠른 음향을 사용합니다. 이렇듯 음향 효과는 영화의 분위기를 만들고 관객이 영화에 더욱 몰입하게 해줍니다.

다음은 영화에 등장하는 음악입니다. 영화 음악은 영화만큼이나 많은 사람의 사랑을 받아요. 영화를 보지 못했더라도 음악은 아는 사람이 있을 정도로 인기 있는 영화 음악도 많습니다. 대표적인 것이 영화 음악의 대부라 불리는 엔니오 모리코네의 작품들입니다.

이탈리아 작곡가 엔니오 모리코네는 수많은 영화 음악으로 많은 이들의 가슴을 적셔 주었어요. 대표작으로는 〈미션〉, 〈시네마 천국〉, 〈황야의 무법자〉, 〈석양의 무법자〉, 〈원스 어폰 어 타임 인 어메리카〉, 〈언터쳐블〉 등이 있습니다.

서부극 〈황야의 무법자〉에서 세 명의 총잡이들이 대치하는 긴장된 장면에서 음악이 흘러나옵니다. 관객들은 음악을 통해 마치 자신이 총잡이가 된 듯이 화면으로 빨려듭니다. 누가 먼저 총을 뽑을지 조마조마해하며 강렬한 흥분을 느끼게 되죠. 일촉즉발의 순간을 숨소리를 죽인 채 지켜봅니다. 엔니오 모리코네는 이 밖에도 400여 편의 영화나 드라마의 음악을 작곡하는 등 큰 업적을 남겼습니다.

또 다른 영화 음악의 거장으로 미국의 작곡가 존 윌리엄스가 있어요. 영화 〈죠스〉에서 상어가 등장할 때 “두둥- 두둥-” 하며 깔리는 음악은 유명하지요. 음악만으로도 공포를 느끼게 했습니다. 〈해리포터〉, 〈스타워즈〉 〈슈퍼맨〉, 〈쥬라기 공원〉 등 수많은 영화 음악을 만들었죠.

독일 작곡가 한스 짐머도 빠뜨릴 수 없습니다. 그는 〈다크 나이트〉, 〈인터스텔라〉, 〈덩케르크〉 등의 영화에서 멋진 음악을 선

영화 〈황야의 무법자〉

사했어요. 영화 〈듄〉에서는 지구가 아닌 다른 행성이라는 영화적 배경에 맞는 음악을 만들었어요. 관객들은 이를 통해 낯선 시공간을 체험할 수 있었습니다. 그의 바람대로 음악을 통해 거대한 감성과 미세한 감정을 함께 전달한 거예요.

영화와 소리는 이제 떼려야 뗄 수 없는 관계가 되었습니다. 음향 효과는 영화를 더욱 실감이 나게 하고 영화 음악은 우리에게 오래도록 감동으로 남습니다. 이제는 우리의 상상을 넘어 한 번도 가본 적이 없는 행성의 음악까지 창조하고 있어요. 영화적 상상력이 영상을 넘어 소리와 음악을 아우르면서 우리는 좀 더 멋진 영화를 만날 수 있게 되었습니다.

독립 영화와 상업 영화에 대해 알고 싶어요

독립 영화와 상업 영화의 가장 큰 차이점은 투자하는 자본, 즉 제작비의 규모에 달려 있어요. 제작비가 적은 경우 독립 영화라고 하고, 대규모 제작비로 만들어진 영화는 상업 영화라고 부르지요. 독립 영화는 관람료 수입을 기대하기가 어려워서 선뜻 투자하는 사람이 별로 없어요. 그래서 제작비를 마련하기가 쉽지 않지요. 그래서 때로 뜻있는 사람들이 힘을 모아 '펀딩' 등을 통해 돈을 모으기도 한답니다. 독립 영화를 만드는 이유는 수익에 있지 않아요. 의미 있는 영화를 만들겠다는 마음이 크지요. 그래서 흥행에 연연하지 않고 창작자가 만들고 싶은 영화를 만듭니다.

최근에는 스마트폰의 촬영 기술이 발달하여 제작비를 절감할 수 있게 되었어요. 누구나 갖고 있는 스마트폰으로도 영화를 만들 수 있게 되어 독립 영화의 가능성은 더욱 넓혀지고 있지요. 적은 돈으로 뜻을 함께하는 배우와 스태프가 함께 영화를 만들 수 있어, 실험적인 영화 등 새로운 도전을 많이 할 수 있습니다.

독립 영화는 아이디어와 상상력이 중요해요. 상업성에 좌우되지

영화 〈워낭소리〉
출처: 스튜디오 느림보

않기 때문에 자유롭게 만들 수 있다는 장점이 있습니다. 덕분에 우리는 독립 영화에서 실험 정신이 강한 작품을 만날 수 있어요. 창작자들은 독립 영화로 미지의 세계를 개척하고 영화적 실험을 계속해 나가며 상상의 날개를 펼칠 수 있습니다. 그런데 독립 영화라고 해서 대중성과 동떨어진 건 아니에요.

2009년 개봉한 이충렬 감독의 〈워낭소리〉, 2014년 진모영 감독의 〈님아, 그 강을 건너지 마오〉는 예상을 깨고 흥행에 성공했습니다. 제작비를 적게 들인 독립 영화라고 해서 관객들의 호응을 받기 어렵다는 건 편견일 뿐입니다. 이들 영화는 그 가능성을 유감없이 보여 준 사례였어요.

〈워낭소리〉의 주인공은 최 노인과 누렁소입니다. '워낭'은 소의 목에 매단 방울이에요. 누렁소는 평균 수명인 20년을 훌쩍 넘어 무려 40살이 된 늙은 소예요. 최 노인과 오랫동안 삶을 살아온 동반자이자 세상 누구보다 소중한 존재였습니다. 그러다 누렁소는 죽음을 맞게 돼요. 그 과정을 영화는 잔잔하게 담아냅니다. 이 특별한 다큐멘터리 영화는 잔잔한 워낭 소리로 사람들의 마음을 흔들어 깨웠습니다. 아직도 수많은 사람이 이 영화를 기억하고 있어요. 노부부의 사랑을 담은 〈님아, 그 강을 건너지 마오〉는 480만 명의 관객을 모으며 흥행에 성공했어요.

2016년 조정래 감독의 〈귀향〉도 주목할 만합니다. 이 영화는 시민들이 쌈짓돈을 모아 제작비를 마련했어요. '위안부' 문제를 잊지 않으려는 염원이 모여 만들어진 독립 영화였고, 펀딩하는 과정부터 화제가 되었습니다. 많은 사람의 참여와 노력으로 영화는 관객들을 만날 수 있게 되었지요.

이처럼 독립 영화는 어려운 여건 속에서도 영화를 사랑하는 사람들의 노력에 힘입어 성장을 거듭하고 있어요. 좋은 독립 영화가 많아진다는 것은 그만큼 우리나라 영화의 성장 가능성도 커진다는 뜻이지요.

실제로 독립 영화는 상업 영화 발전에 밑거름이 됩니다. 독립 영화로 성장한 사람이 상업 영화계로 스카우트되어 훌륭한 영화를 만들어 내는 경우가 많습니다. 독특한 개성으로 많은 팬을 거느리기도 하지요. 다양성은 우리 영화의 미래에 대단히 중요합니다. 우리 모두의 얼굴이 다르게 생겼듯이 개성 있는 영화가 많아져야 해요. 그래야 복잡하고 다양한 세상을 영화에 잘 담아낼 수 있어요.

관객들도 다양한 실험적 영화를 아끼고 사랑해 주면 더 좋겠죠? 여러분도 독립 영화를 자주 만나 보세요. 독립 영화를 사랑하는 사람들이 많아질수록 우리 영화의 미래는 밝아질 거예요.

8장

영화를 만드는 사람들과 만나 볼까요?

영화감독은 무슨 일을 하나요?

영화는 참여하는 많은 사람의 재능과 노력으로 만들어집니다. 이 모든 것을 총괄하고 책임지는 사람이 바로 감독이에요. 그래서 영화를 '감독의 예술'이라고도 하지요. 감독이 어떤 영화적 언어로 연출하느냐에 따라 영화가 달라집니다.

그렇다면 감독은 무슨 일을 할까요? 우선 시나리오를 토대로 어떻게 영화로 만들 것인지 촬영 계획을 세워요. 배우를 선정하고 연출을 합니다. 배우가 영화의 각 장면 속에서 연기한다면 감독은 전체를 바라보고 연출합니다. 마치 오케스트라 지휘자처럼 거시적인 안목을 갖고 있어야 해요. 배우에게 의미와 맥락 등을 알려 주고 해당 장면을 잘 소화할 수 있게끔 도와야 해요.

영화라는 전체적인 그림을 그려 나가되, 세세한 면까지 살펴 전체와 부분이 조화를 잘 이룰 수 있도록 해야 합니다. 조명과 음악과 음향, 편집에 이르기까지 영화의 각 부분을 진행해야 하므로, 사람들과 소통하는 능력도 매우 중요합니다. 영화는 혼자 만드는 일이 아니기 때문입니다. 많은 사람과 함께 협업해야 해요.

건강도 중요합니다. 감독은 현장에서 계속 일해야 하기 때문에 체력이 갖춰져야 해요. 실제로 〈우리 생애 최고의 순간〉을 만든 임순례 감독은 미래의 감독에게 하고 싶은 말이 무엇이냐는 질문에 '체력'을 강조한 바 있습니다.

또한 영화감독이 되려는 사람들은 세상일에 관심을 두고 깊이

영화 〈우리 생애 최고의 순간〉
출처: MK픽처스

있게 생각할 줄 알아야 해요. 영화는 결국 인간과 사회에 대한 이야기입니다. 깊이 있는 사고와 경험은 훌륭한 영화를 만드는 데 큰 도움이 돼요. 역사 인식도 그렇습니다. 우리가 역사적 사건을 어떻게 바라보느냐에 따라 영화 자체가 달라집니다.

일제 강점기, 독립운동가의 이야기를 다룬 영화가 지금도 계속해서 나오고 있는데요. 영화마다 주제와 소재가 달라요. 그럴 수밖에 없는 게 엇비슷한 영화를 사람들이 계속해서 보고 싶어 하지는 않기 때문입니다. 색다른 영화를 만들려면 관점이 있어야 해요. 감독이 어떻게 그 시대와 인물을 이해했느냐가 관건이 됩니다. 이준익 감독도 이 점을 특히 강조했습니다. 관점은 다른 세상을 보여 줍니다.

영화감독이 갖추어야 할 또 다른 조건은 바로 자기 경험과 공감 능력입니다. 훌륭한 작품에는 공통적으로 작가나 감독의 경험이 반영되어 있습니다. 그러니까 여러분이 부모님과 나눈 대화, 친구들과 자전거를 타며 놀았던 기억들, 어려운 친구의 아픔에 눈물을 흘린 일들이 모두 영화적 소재와 재료가 될 수 있어요.

〈ET〉와 〈쥬라기 공원〉를 만든 스필버그 감독은 12살에 영화감독이 되리라 결심했다고 해요. 그 꿈을 실현하기 위해 열심히 노력합니다. 17살에는 영화 〈불꽃〉을 만들어 동네 극장에서 상영도 했어요. 이런 과정을 통해 쌓은 경험들이 영화에 등장합니다. 특히 부모님과의 추억이 영화에 반영되었다고 해요.

이후로 발표하는 작품마다 흥행에 성공하면서 할리우드를 대표하는 감독으로 떠오르지요. 그의 성공 비결은 무엇이었을까요? 저는 공감 능력을 꼽고 싶습니다. 영화 〈ET〉를 만들기 위해 아역 배우를 모집했을 때의 일화입니다. 한 지원자가 강아지를 잃어버렸는데, 스필버그는 슬퍼하는 그 아이와 함께 울고 말았다고 해요. 그만큼 타인의 아픔을 이해하고 함께 아파할 줄 아는 사람이었던 거예요. 타인의 삶에 대한 깊은 공감과 사랑은 작품에 고스란히 드러나게 마련입니다. 우리는 많은 영화에서 이러한 사실을 확인할 수 있어요.

똑같은 시나리오라도 감독에 따라 전혀 다른 영화로 만들어져요. 영화는 공장에서 찍어내는 제품과 달라요. 감독의 시선과 통찰이 큰 역할을 합니다. 어떻게 영상을 끌고 가고 어디에 어떤 소리를 집어넣는가에 따라 영화의 느낌이 확연히 달라지지요.

어찌 보면 영화감독의 역할은 화가와도 같습니다. 화가는 종이에 밑그림을 그리고 색을 칠하는 매 순간 판단이 필요합니다. 무엇을 그릴지, 어떤 색으로 칠할지, 수채화로 할 것인지 유화로 그릴 것인지를 결정해야 하죠. 영화감독 역시 네모난 프레임 안에 어떤 구도로 어떻게 인물을 넣을 것인지를 생각해야 하죠. 카메라의 방향을 위에서 아래로 할지, 옆으로 훑거나 뒤에서 잡아야 할지를 결정해야 합니다.

이런 모든 선택과 결정이 모여 영화가 됩니다. 결과가 좋아지려면 설계가 치밀해야 해요. 감독은 영화를 찍기 전에 미리 모든 과정에 대한 계획을 세우고 있어야 합니다. 그래야 좋은 영화를 만들어 갈 수 있어요.

영화의 배경이 될 장소 선정도 감독의 중요한 일이에요. 촬영 장소를 찾는 것을 장소 '헌팅'이라고 합니다. 감독은 영화와 어울리는 최적의 세트를 짓거나 장소를 찾아가는 일에도 관여해야 해요.

영화의 배경은 관객들에게 사실감을 주고 독특한 분위기로 영화의 메시지를 전달합니다. 영화의 배경이 되었던 장소에 가면 마치 영화 속으로 들어온 듯한 착각이 드는 것도 그런 이유 때문이에요. 그래서 사람들은 유명한 영화의 촬영지를 찾습니다. 실제로 영화 〈기생충〉이 유명해지자 여기에 등장한 '돼지 슈퍼'는 사람들이 많이 찾는 '성지'가 되었어요.

감독의 영화적 상상력은 영화에 생명을 불어넣습니다. 우리는 마치 그것을 진짜 세상에서 벌어진 일처럼 여기게 되지요. 영화를 보며 슬프게 울기도 하고 즐겁게 웃기도 합니다. 여러분은 어떤 영화를 만들고 싶나요?

여러분의 상상이 곧 영화가 된다니, 정말 멋지지 않나요? 철수의 영화적 상상력과 영희의 영화적 상상력이 저마다 다른 영화를 만듭니다. 이것은 자연스럽지만 한편 기적과도 같은 일이에요.

제작자는 무슨 일을 하나요?

영화를 만들 때 감독 못지않게 중요한 사람이 있습니다. 바로 영화 제작자입니다. 제작자도 영화감독처럼 자신만의 영화관과 독창성을 가지고 있어요.

우리가 어떤 감독의 영화를 선호하거나 선택하는 것처럼 제작자를 보고 영화를 선택하는 경우도 있습니다. 그래서 마블 스튜디오라는 제작사에서 만든 영화들이 개봉 전부터 화제가 되지요. '마블 스튜디오'라는 특정 제작사를 하나의 장르처럼 생각하는 관객도 많아요. 일종의 '스타 제작사'인 셈이지요.

영화를 한 편 제작하는 데 엄청난 비용이 들어가기 때문에 대부분의 영화 제작사들은 상업적 측면을 고려하지 않을 수 없어요. 그래서 예술성보다는 상업성을 택하는 경우가 많습니다. 작품성이 뛰어난 시나리오가 외면받을 수 있는 거죠.

그런데도 독창성으로 승부를 보는 제작사의 노력도 계속되고 있어요. 미국의 영화배우 브래드 피트 같은 사람은 좋은 시나리오가 상업성을 이유로 묻히지 않고 영화로 제작되어 대중과 만날 수 있도록 직접 제작사를 설립했어요. 그렇게 해서 제작한 영화 중 하나가 바로 우리가 잘 아는 〈미나리〉입니다. 윤여정 배우가 이 영화로 아카데미 여우조연상을 받았지요.

제작자가 하는 일은 많습니다. 우선 영화 제작을 위해 시나리오를 선택합니다. 감독과 배우를 선정하고 예산을 수립하고 집행하며, 투자를 끌어오고 상영할 극장과 상영 방식을 결정해요.

홍보 작업과 시사회 등을 진행하고 영화에 대한 협찬과 판권도 관리합니다. 제작자는 마케팅 능력이 있어야 해요. 잘 만들어진 영화가 대중에게 각인되고 흥행에 성공하려면 제작자의 역할이 필요해요.

실제로 제작자의 이야기를 들어 보면 아이를 키우는 엄마의 마음으로 제작에 참여한다고 해요. 영화에 참여하는 사람들의 고충을 이해하고 위기도 잘 관리해야 합니다. 촬영 현장의 사고나 갑작스러운 일정 변경 등을 해결하는 데도 제작사가 관여한다고 합니다.

최근에 한 방송국에서 드라마 촬영을 하면서 동물 학대 논란이 있었어요. 동물을 소품처럼 취급해서 다치고 급기야 죽게 되

영화 〈미나리〉
출처: 판씨네마(주)

었고, 이를 본 시청자들이 항의를 했어요. 이런 일이 다시는 발생하지 않도록 노력하는 것도 제작사의 몫이에요. 동물도 소중한 생명이라는 것은 이제 상식이 되었습니다. 제작 현장에서 이러한 원칙이 잘 지켜지는지 관리하는 것도 제작진의 역할입니다.

영화 제작자는 영화 제작과 관련한 전반적인 일들을 총괄합니다. 그래서 어려운 상황을 뚫고 나가는 용기도 필요하고 끈기도 필요해요. 영화를 찍는 세트장에는 많은 사람이 모여서 일을 합니다. 제작자는 이들의 식사 문제에서 처우까지 영화를 찍는 내내 다양한 업무를 관리해야 해요.

그중에서도 좋은 영화가 나올 수 있도록 제작 환경을 잘 만들어 주는 것이 무엇보다 중요합니다. 영화를 만드는 데는 큰돈이 들어요. 여러 군데서 투자를 받아야 하기에 제작자에게는 사업 수완이 있어야 합니다. 너무 힘들어 보인다고요? 책임과 역할이 큰 만큼 영화가 잘 만들어져 흥행에 성공했을 때 기쁨도 크지 않을까요?

인터뷰

방송사 피디로 일하면서 오랫동안 〈KBS 역사 스페셜〉을 만들고, 영화 〈택시 운전사〉의 모티브가 된 〈80년 5월, 푸른 눈의 목격자〉라는 다큐멘터리를 만든 장영주 감독님이 영화를 만들었어요. 바로 2018년 개봉된 다큐멘터리 영화 〈5·18 힌츠페터 스토리〉입니다. 장영주 감독님과의 인터뷰 내용입니다.

■ 일반 상업 영화와 다큐멘터리 영화의 차이점, TV 다큐멘터리와 다큐멘터리 영화에 대한 감독님의 생각이 궁금해요?

다큐멘터리 영화는 일반 상업 영화와 제작 단계부터 차이가 있습니다. 다큐멘터리 영화는 보통 2~3억 원 정도 드는 데 반해 상업 영화는 그 100배쯤 되는 200~300억 원의 제작비가 들어가니까요.

제작 참여 인원도 차이가 있죠. 다큐멘터리 영화는 촬영 현장에서 일하는 스태프가 많지 않습니다. 감독이 촬영까지 겸하면서 단 한 명으로 영화를 찍는 경우도 있어요. 극영화는 수십 명이 기본인 것으로 알고 있습니다.

텔레비전 다큐멘터리와 상영관에서 만나는 다큐멘터리 영화의 경우 투자, 사전 홍보, 후반부 작업, 배급 방식 등이 다릅니다. TV

영화 〈5·18 힌츠페터 스토리〉
출처: KBS

다큐멘터리는 방송 채널을 통하기 때문에 홍보도 사전 방송 예고에 그치는 경우가 대부분입니다. 하지만 다큐멘터리 영화는 마케팅 차원에서 사전 홍보에 많은 인원이 투입됩니다.

TV 다큐멘터리는 방송사 투자나 협찬이 전부지만, 다큐멘터리 영화는 훨씬 더 규모가 있죠. 돈이 많이 들어가기 때문에 기획 단계에서부터 투자자 유치에 심혈을 기울입니다. 그래서 감독의 결정권에 상당히 제약이 따라요. 제작사의 의견이 많이 반영될 수밖에 없습니다. 같은 이유로 상업적인 영향을 크게 받죠.

후반 작업은 TV 다큐멘터리의 경우 색 보정 단계를 생략하는 경우가 많습니다. 그렇지만 다큐멘터리 영화는 전문 업체를 통해 여러 차례 색상 보정을 해요. 왜냐하면 TV 다큐멘터리는 자연색을 생생하게 내보내는 경향이 많고, 다큐멘터리 영화는 인위적인 색상 조절로 극적인 효과를 만들기 때문입니다.

오디오 작업도 영화 쪽이 더 많은 단계를 거칩니다. 텔레비전과 달리 극장이라는 폐쇄적인 공간에서 상영되기 때문에 미묘한 오디오의 변화도 크게 느껴지기 때문입니다. 배급은 제작사가 가장 신경 쓰는 부분입니다. 개봉관 수와 상영 횟수야말로 흥행을 좌우하는 큰 변수이기 때문이죠.

시사회 역시 TV용은 가끔 하지만, 영화 쪽은 매우 중요한 절차로 여겨집니다. 종합하면, 다큐멘터리 영화가 TV 다큐멘터리보다 돈이 많이 들기 때문에 흥행을 위한 과정과 노력, 예산이 더 많이 투입됩니다.

■ 영화의 미래와 관련한 감독님의 생각이 궁금해요?

디지털 시대가 되면서 관객의 역할이 점점 커지고 있습니다. 이제 관객들은 더 이상 어두운 공간에서 다 함께 모여 영화를 보지 않아요. 개인 디지털 기기로 영화를 봅니다. 시간과 장소에 구애받지 않아요. 언제 어디에서 무엇을 볼지, 전적으로 관객이 결정합니다. 스마트폰으로 직접 영상을 만들고 소통하게 되면서 관객은 이제 감독이자 배급사 역할까지 하게 되었습니다.

기존의 블록버스터 영화는 영화대로 가고, 여기에 관객이 제작에 참여하는 작은 영화가 함께하면서 지금까지 보지 못했던 양상이 나타납니다. 예전보다 더 많은 다양한 이야기들이 영화의 무대로 올라서게 된 거죠. 개인이 만든 작은 영화가 블록버스터와 같은 공간에서 경쟁하는 겁니다. 앞으로 영화에서 다양성이 폭발적으로 증가하게 될 것입니다.

영화라는 영역 안에서 거대한 환상의 세계와 소소한 개인의 일상이 동시에 전개되는 거죠. 나쁘지 않습니다. 이를 통해 영화가 모든 인간의 문제를 비추는 진정한 거울이 될 수 있지 않을까 생각합니다.

배우는 무슨 일을 하나요?

우리는 화면과 스크린을 통해 많은 배우를 만납니다. 영화사에 남을 훌륭한 배우들이 많아요. 찰리 채플린은 팬터마임의 영역에서 신화적인 배우였습니다. 감독이자 배우로서 자신만의 연기를 펼치며 많은 이들의 사랑을 받았지요. 영화계에서 신화로 남은 그레타 가르보를 빼놓을 수 없습니다. 유성 영화와 무성 영화에 고루 출연했던 그는 형편없는 시나리오마저도 연기로 극복해 낸다는 평을 받을 정도로 연기가 뛰어났다고 해요.

그렇다면 훌륭한 배우가 되려면 어떻게 해야 할까요? 쿵후의 대가이자 영화배우였던 이소룡이 남긴 말을 들어 보겠습니다. “어떤 형태도 갖지 말아라. 마치 물과 같이… 물이 되어라.” 이소룡은 물이 그릇에 따라 변화하는 것을 이야기하며 물이 되라고 조언합니다. 이소룡은 연기도 무술도 물처럼 하고자 했고 배역

이소룡 주연 영화 〈정무문〉
출처: 조이앤컨텐츠그룹

을 잘 소화했습니다. 그때그때 다른 사람으로 변화하며 연기를 했어요.

우리나라에도 훌륭한 배우가 많습니다. 세계에서 주목받고 있으며, 영화를 통해 세상 사람들을 만나고 있어요. 한때는 연기를 못해도 인지도가 높으면 영화를 찍었습니다. '스타 마케팅' 때문이지요. 그런데 이제는 연기를 잘하는 배우가 점점 대접받고 있어요. 배우를 캐스팅할 때도 연기를 봅니다. 주어진 캐릭터를 얼마나 잘 소화하는지 공개적으로 평가하는 오디션을 통해 결정해요.

인터뷰

영화배우를 잘 이해하기 위해 원로 배우인 최종원 선생님과 인터뷰를 했습니다. 배우가 되려면 어떻게 해야 하는지에 대한 조언이 될 것으로 생각합니다.

■ 왜 배우가 되셨나요?

어느 누구도 하기 힘든 얘기예요. 어려서부터 배우가 되겠다는 사람도 있지만, 저는 그냥 좋아서 했어요. 내가 연극을 배우다 보니까 좋아서 평생의 직업으로 가져도 후회는 없겠다고 생각했고, 좋아서 하다 보니 50년이 넘는 세월이 흘러갔습니다.

■ 배우는 어떤 직업이라고 생각하나요?

수많은 직업 중 하나일 뿐이고 내가 대단한 예술을 하고 있다고 생각하지는 않아요. 연기를 통해 제2의 인생을 살아 보는 것이죠. 예술인이라고 해서 남보다 우월하다고 생각하지 않고 평범하게 살아가고 있습니다. 연기에 최선을 다했을 때 사람들이 거기서 얻는 것이 있다면 배우로서 내 삶의 가치가 있어요.

■ 감독과 배우는 어떤 관계인가요?

감독은 지휘자 입장이고 배우는 악기의 입장이에요. 악기에는 저마다 장단점이 있는데, 장점을 살리고 전체적인 앙상블을 만드는 일은 감독 역할입니다. 그렇지만 지휘자인 감독이 악기 하나하나를 잘 다루지는 못하죠. 배우는 자신이 맡은 악기를 잘 연주해야 하고, 감독은 악기 연주자들을 지휘하는 역할을 하게 됩니다.

■ 영화배우와 드라마 배우, 연극배우의 다른 점은 무엇인가요?

영화나 텔레비전의 연기는 기술이 결합된 연기예요. '엔지'가 나면 다시 연기해서 찍으면 되지만 연극은 그런 실수가 용납되지 않습니다. 연극은 긴 시간 연습을 통해서 생명을 걸고 그 시간을 지켜야 해요. 실수가 용납되지 않는 것이 오히려 매력이에요. 연극을 경험한 배우는 영화와 드라마에 빨리 적응할 수 있어요. 기술적 연기와 라이브 연기는 완전히 다릅니다.

■ 영화배우에게 중요한 자질은 무엇일까요?

영화는 화면으로 보이니까 연극보다 더 섬세함이 필요하지만, 연극 무대에 서는 배우는 스케일이 커야 합니다. 연극은 오버액션을 해야 하고 몸동작도 커야 하죠. 다시 강조하지만 영화배우는 섬세함이 중요해요.

■ 배우가 되려는 청소년들에게 하고 싶은 말씀을 부탁드려요?

다시 한번 생각을 해보라는 게 저의 조언입니다. 연기를 왜 하고 싶은지 연기를 한다면 어떻게 해야 할 것인가. 연기가 좋다고 해서 그것만 생각하고 선택하지는 말아라. 심사숙고해서 선택했다면 후회하지 말아라! 이렇게 말해 주고 싶습니다. 어려워도 참고 견딜 각오가 있어야 해요. 어떻게 살 것인가를 항상 염두에 두고, 내 인생의 가치를 위해서 산다는 태도를 갖는 것이 중요합니다.

■ 배우는 어떻게 되나요?

배우로 등단하는 길은 여러 길이 있지만, 우선은 자질을 갖추어야 합니다. 쉬운 얘기로 내가 쇼핑을 해서 제품을 샀는데 실밥이 터진 불량 상품을 살 수는 없잖아요. 배우 스스로가 불량 상품이 되어서는 안 됩니다. 나에 대해서는 스스로도 확실성이 없는데 일단 데뷔하고 보자는 생각은 잘못된 것입니다.

■ 배우 정신은 무엇인가요?

양심이지요. 부끄러워할 줄 알아야 합니다. 남보다 모자란 것을 부끄러워할 줄 아는 것도 양심입니다. 내가 배우를 선택한 것이 자랑이 될 수 없습니다. 연기를 한다고 자랑할 게 아니라, 실제로 열심히 연기를 해야 해요.

영화 스태프는 무슨 일을 하나요?

영화의 엔딩 크레딧을 보면 한 편의 영화를 만들기 위해 얼마나 많은 사람이 일을 하고 있는지 알게 됩니다. 영화는 수많은 사람이 협력하는 복잡한 과정을 거쳐요. 그런 만큼 각자의 영역에서 자신이 해야 하는 일을 하되, 전체적인 협업을 필요로 합니다. 영화에는 감독과 제작자, 시나리오 작가뿐만 아니라 눈에 보이지 않는 수많은 사람의 땀이 스며 있다는 것을 우리는 기억해야 합니다.

촬영 감독은 영화를 실질적으로 화면에 담아내는 촬영 업무를 맡습니다. 미술 감독은 영화의 의도에 맞게 장면을 구성하고 소품을 배치합니다. 작품의 배경이 되는 공간을 감독과 상의해서 작업하게 됩니다. 세트를 짓고 그 안을 꾸며요. 주인공의 캐릭터에 맞추어 집을 고치거나 건물을 꾸며서 영화에 맞는 이미지를 창조합니다. 세트 자체가 영화의 이미지를 좌우하기에 미술 감독의 일은 매우 중요합니다.

일반적이지는 않지만 전체적인 비주얼 이미지를 맡는 프로덕션 디자이너가 있기도 합니다. 여기서 마련된 프로덕션 디자인에 맞춰서 미술 감독이 일을 해요. 우리나라에서는 아직 일반적이지 않고 도입 단계라고 볼 수 있습니다.

분장을 하는 사람들도 있습니다. 이들은 배우들의 역할에 맞춰 분장을 해줍니다. 공포 영화라면 기괴한 분장이나 특수 분장도 합니다. 의상 담당은 역할에 맞는 의상을 직접 제작하거나 구입해서 마련해요. 특히 역사극은 역사적 배경에 맞게 고증을 거쳐야 합니다. 그리고 현장의 온갖 궂은일을 담당하는 제작부가 있습니다. 영화 촬영 장소에 미리 가서 허락을 받아 오는 등의 일을 합니다. 음향을 담당하는 사람들도 따로 자기 역할을 합니다.

조명도 중요해요. 조명 감독은 조명으로 영화의 분위기를 만듭니다. 스튜디오 안을 낮으로 혹은 밤으로 만들지요. 야외에서도 밝은 조명으로 밤을 낮으로 만들 수 있어요. 영화의 장르에 따라 추구하는 분위기가 다르기에 조명을 잘 활용해야 합니다.

몇 가지 조명 용어를 살펴보겠습니다. '콘트라스트'는 명암을 조절하는 것을 말합니다. 범죄 영화나 스릴러 영화는 대개 어둡지요. 콘트라스트를 조절하여 명암 대비를 강조함으로써 공포를 극대화합니다. 로우키(low-key)는 영화의 톤을 어둡게 하는 것을 말하는데, 스릴러나 공포 영화에 어울립니다. 하이키(high-key)는 톤을 밝게 하는 것으로 가족물이나 코미디 장르에 많이 사용됩니다. 로맨틱한 분위기를 낼 때도 조명이 사용됩니다. 분위기에 따라 섬세하게 진행되죠.

조명 감독은 늘 고민합니다. 촬영하는 내내 이 장면에 이 분위가 맞는지를 살피죠. 전체적인 흐름이 영화가 주려는 메시지와 맞지 않을 때가 있습니다. 그러면 서로 이견을 조율하며 작업을 진행하죠. 현장에서의 소통과 타협이 중요합니다.

현장 상황에 맞춰야 할 때도 많습니다. 영화의 프레임에 어울리는 조명이지만 현실적인 제약에 따라 조정해야 할 수 있어요. 이곳에서는 밝은색이 어울리는지 아니면 어두운색이 맞는지 현장에서 결정합니다.

조명은 마치 그림을 그리듯이 영화의 분위기와 톤을 만들어 줍니다. 연출 의도에 따라 장면과 조명이 잘 어우러지면 영화의 분위기와 느낌이 관객에게 전달됩니다. 빛으로 관객과 소통하는 것이지요. 이 일을 오래 한 전문가들은 한 장면만 봐도 그 영화가 잘 만들어졌는지 금세 알 수 있다고 해요.

우리나라는 촬영과 조명 팀이 나뉘어 있거나, 촬영 감독이 전부 도맡습니다. 그러나 다른 나라는 촬영과 조명이 같은 팀으로 일하는 경우가 일반적입니다.

영화에 있어서 음향과 음악의 중요성이 커지고 있어 이를 담당하는 음악 감독의 역할도 중요합니다. 영화 〈듄〉의 경우 배경이 되는 사막 풍경을 멋진 음악으로 표현했어요. 사막의 소리에 귀 기울이며 영화의 주제와 잘 어우러지도록 한 것이에요. 영화의 효과음도 음악 감독의 몫이에요.

무술이 동원되거나 위험한 장면을 배우 대신 찍는 스턴트맨도 영화의 일익을 담당합니다. 배우가 곡예 운전을 해야 하거나 높은 데서 떨어져야 할 때 스턴트맨이 나섭니다. 차가 충돌하거나 폭발하는 장면 많이 보았죠? 아마도 거기에는 스턴트맨의 노력이 있었을 거예요. 사고가 자주 나는 위험한 일인 만큼 안전 문제에 유의해야 합니다.

이처럼 영화를 찍을 때는 물론 영화 제작 전후에도 수많은 사람의 노력이 들어갑니다. 한 편의 영화를 만들려면 각자 전문 영역에서 전체적인 흐름과 예술성에 부합하도록 최선을 다해야 해요.

영화 평론가는 무슨 일을 하나요?

영화 평론은 영화를 평가하는 것이죠. 유튜브나 각종 커뮤니티에는 수많은 감상 후기들이 있습니다. 그런데도 굳이 영화 평론가라는 직업이 필요한 이유는 무엇일까요?

영화 리뷰와 평론은 엄연히 다릅니다. 영화 리뷰는 스토리 중심으로 영화에 대한 정보를 알려 주고 요약하고 간단히 평가하는 것이죠. 이에 반해 영화 평론은 영화를 분석하고 평가하고 비판합니다.

미국의 감독이자 배우인 오슨 웰스는 비평은 창조의 정수라고 했어요. 새로운 것을 만드는 창조는 작품에 대한 비평에서 시작합니다. 영화 평론은 관심을 받지 못하는 영화를 양지로 불러내어, 대중과 소통하도록 하는 매개체 역할을 해요. 또한 관객들이 영화를 제대로 선택하고 만나게 도와주죠.

영화에 대한 분석과 비평은 상대적입니다. 영화 평론에는 정답이 없어요. 평론가들끼리도 의견이 갈리고 때로 대립하기도 해요. 하지만 이런 일이 나쁘기만 할까요? 오히려 이런 대립과 논쟁은 더 좋은 영화를 만드는 밑거름이 됩니다.

영화가 발전하고 영화의 세계가 확장하려면 평론의 역할이 중요합니다. 우리가 무심코 지나치듯 본 영화를 평론가의 눈으로 다시 보고 깊이 생각해 보면 보지 못한 부분이 새롭게 보이기 때문이에요. 영화의 질과 품격을 높이고 비전을 제시하는 것도 영화 평론의 힘입니다. 관객들도 영화를 보기 전에 영화 평론가의 글을 보거나 별점 평가를 참고해요. 그만큼 영화 평론가의 영향력이 커지고 있어요.

그렇다면 영화 평론가가 되려면 어떻게 해야 할까요? 문학이라면 신춘문예나 문예지 등단으로 문학 평론가가 됩니다. 그렇지만 영화 평론가는 특별히 그런 통로가 없어요. 영화 관련 기자 일을 하거나 전문 매체에 글을 올리다가 영화 평론가의 이름을 얻는 경우가 많아요. 여러분이 잘 아는 박찬욱 감독도 영화 평론가로 활동한 경험이 있답니다. 그러면서 영화에 대한 안목을 넓혀 갔던 거예요.

영화는 이제 특정한 사람들의 전유물이 아닙니다. 마찬가지로 평론도 몇몇 사람만 할 수 있는 게 아니에요. 여러분도 영화 평론가가 될 수 있습니다. 직접 영화 관련 매체에 글을 투고해 보는 것도 소중한 경험이 될 거예요. 처음부터 멋진 영화 평론가가 될 수는 없어요. 무슨 일이든 과정이 필요하지요. 도중에 어렵거나 힘든 순간도 있겠지만 영화를 사랑하는 마음이 있다면 충분히 극복할 수 있어요. 끝까지 노력하다 보면 반드시 의미 있는 성과가 나올 거예요.

영화를 감상하고 나서 에스앤에스(SNS)에 한 줄 메모를 남기는 건 어떨까요? 그러다 보면 욕심이 생기고 긴 글로 여러분의 생각을 온전히 나누고 싶어질 거예요. 영화에 관해 관심이 생기면 공부도 하게 되고, 이렇게 해서 얻은 지식은 영화를 새롭게 보게 할 거예요. 전에는 몰랐던 카메라의 움직임도 훨씬 구체적으로 느끼게 될 것입니다.

앞으로 영화는 더 많이 만들어질 것이고 영화 비평의 세계도 넓어질 거예요. 그 안에서 여러분의 생각과 영화에 대한 깊은 사유를 펼쳐 보았으면 합니다. 주어진 내용을 따라가기보다 자기만의 시각으로 해석해 보는 거예요. 사람들이 여러분이 사랑하는 영화를 오해하고 있다면 평론으로 설득할 수 있어요. 앞서 흥행 성공이 좋은 영화의 기준은 아니라고 말씀드렸습니다. 여러분 생각대로 비판할 것은 비판하고 칭찬할 것은 칭찬하면서 새롭게 자기만의 영화 세계를 만들어 보세요.

모두가 함께 소통하는 시대에 영화 평론도 새로운 길 위에 서 있어요. 즐거운 마음으로 그 길을 걷다 보면 어느새 멋진 영화 평론가가 되어 있을 거예요.

테마가 있는
우리나라 영화제를 소개합니다

청소년 여러분, 이제 영화제로 한번 찾아가 볼까요. 영화제는 영화인의 축제이자 우리 모두의 축제입니다. 크고 작은 영화제가 있지만, 우리가 특히 가볼 만한 곳을 간략히 소개할게요.

1. 서울 인권 영화제

우리는 인권이라는 말을 수없이 많이 듣고 있지요. 그렇지만 구체적으로 인권이 무엇인지를 물었을 때는 답하기가 쉽지 않습니다. 그렇지만 인권은 우리 생활과 밀접한 관계에 있습니다. 나의 인권이 지켜졌을 때 나는 자유롭게 살아갈 수 있습니다. 그런데 보통은 잘 몰라요. 침해받았을 때 비로소 깨닫게 되지요.

내 인권이 소중하다면 타인의 인권도 소중하죠. 타인의 인권이 침해받는다면 언젠가는 나도 피해를 보게 됩니다. 이런 사실을 깨닫게 되면 더 이상 인권 침해 앞에서 침묵하며 숨죽일 수만은 없어요. 서울 인권 영화제는 바로 이러한 이야기를 담은 영화를 소개해요. 해마다 서울의 여러 지역에서 개최되면서, 인권을 돌아보게 하고 모두가 차별 없는 인권을 누릴 수 있게 하자고 외칩니다. 인권 사각지대에서 목소리를 내지 못하는 사회적 약자의 이야기에 귀 기울이게 해주죠.

인권은 소중합니다. 서울 인권 영화제는 차이가 차별이 될 수 없다는 외침이며 평등을 위한 첫걸음임을 세상에 당당히 알리는 자리입니다. 우리 모두가 행복한 세상을 만들려면 인권 감수성을 길러야 해요. 인권은 이제 선택이 아니라 필수인 시대가 왔어요. 서울 인권 영화제와 함께 인권 감수성을 키우고 재미와 감동도 느껴 보는 게 어떨까요?

2. 서울 국제 환경 영화제

우리는 기후 위기를 겪으며 살고 있어요. 쓰레기 더미는 산을 이루었고 무분별하게 사용한 플라스틱은 우리를 병들게 하고 지구를 아프게 해요. 해수면 상승으로 섬나라가 물에 잠기고 길게 이어지는 가뭄으로 곡식이 자랄 수 없는 땅이 늘고 있어요. 폭우와 이로 인한 홍수도 빈번합니다.

우리에게 닥칠 미래는 어떤 모습일까요? 지금의 기후 위기를 방치한다면 너무나 무시무시해서 말로 다 할 수 없는 상황에 이를 거예요.

서울 국제 환경 영화제는 이러한 위기 상황을 알리는 역할을 해요. 우리가 적극적으로 환경 문제에 관심을 갖고, 더 나은 지구 공동체를 만들기 위해 노력해야 한다는 점을 일깨워요.

이미 늦었다고요? 절대 늦지 않았어요. 지금 당장! 우리가 힘을 모으고 함께 노력하면 재앙을 막을 수 있어요. 환경 영화제를 함께 하면서 지구의 미래를 고민해 봐요.

3. 서울 국제 여성 영화제

사람은 저마다 차이가 있고 그 차이와 상관없이 행복하게 살 권리가 있습니다. 그중 눈에 띄는 차이로 '성별'을 꼽을 수 있어요. 사람은 자신의 성별을 선택해서 태어나지 않습니다. 자기 의지와 상관없이 자연적으로 정해지는 거예요. 그런데 이걸 이유로 차별하는 게 올바른 일일까요?

불평등을 당연시하며 다른 성의 이야기에 귀를 막고 소통을 거부한다면 그 사회의 인권은 제대로 보장될 수 없어요. 사람들은 갈등과 대립이라는 시한폭탄을 안고 살아가야 할 거예요.

서울 국제 여성 영화제는 성(gender)에 대한 이해와 성찰을 돕고 여성의 불평등을 해소하기 위해 개최되고 있어요. 여러분도 참여해 보면 많은 것들을 느끼고 고민할 수 있을 거예요.

아직도 우리 사회에는 여성에 대한 폭력이 심각합니다. 혐오와 불신을 넘어 우리 모두가 행복해지려면 이 문제를 잘 이해하고 있어야 해요. 서울 국제 여성 영화제가 좋은 계기가 될 수 있을 겁니다.

4. 부산 국제 어린이 청소년 영화제와 대한민국 청소년 미디어 대전

청소년이 직접 참여할 수 있는 청소년 영화제로는 '부산 국제 어린이 청소년 영화제'와 '대한민국 청소년 미디어 대전'이 있습니다. 이들 영화제는 해마다 열리는데 청소년들이 직접 출품한 수많은 작품을 만날 수 있습니다.

미래 영화의 거장이 될 어린이, 청소년들이 기성세대의 울타리를 뛰어넘어 자신만의 영화를 만들어 내고 있어요. 여러분도 문을 두드려 보세요. 영화를 보며 즐거운 소통까지 덤으로 얻을 수 있어요. 여러분의 진정한 영화 축제, 청소년 영화제들이 문을 활짝 열고 여러분을 기다리고 있답니다.

맺음말

영화를 본다는 것과 영화에 대해 이야기하는 것 그리고 영화를 만든다는 것은 우리 삶에 대한 깊은 사랑에서 시작해요. 우리가 세상을 얼마나 진지하게 그리고 깊게 바라보는가에 따라 영화를 보는 눈도 달라질 거예요.

영화는 어느 순간 하늘에서 떨어지는 별이 아니며, 영화적 상상력이 무(無)에서 나오는 것도 아닙니다. 순간순간 우리의 삶을 사랑하고 깊이 들여다보고, 친구에게 다정하게 말을 거는 삶의 매 순간들이 영화를 만듭니다.

여러분이 읽는 책들이 바로 영화적 상상력의 귀중한 밑천이에요. 모든 위대한 감독과 작가와 배우들은 공통적으로 어린 시절과 청소년 시절의 기쁨과 슬픔 그리고 좋았던 때와 실패했던 때를 말해요. 그 안에 우리가 나눌 수많은 보석이 있기 때문이죠.

미래학자 앨빈 토플러는 “미래는 예측하는 것이 아니라 상상하는 것이다”라고 말했어요. 그의 말처럼 미래는 과거 우리가 상상했던 모습으로 세워졌습니다. 지금 우리가 보는 영화 속 미래가 실제로 우리의 내일이 될지도 몰라요.

영화는 우리 삶에 깊숙이 들어와 이제는 일상이 되었어요. 영화를 만드는 일도 예전에는 하나의 특권처럼 인식되었지만, 이제는 누구나 스마트폰으로도 영화를 만들 수 있는 세상에 우리가 서 있습니다. 과거에는 상상할 수 없었던 멋진 일이 현실에서 일어난 거예요.

꿈을 꾼다면 누구나 영화감독이 될 수 있고, 시나리오 작가가 될 수도 있고 배우가 될 수 있어요. 평론가도 될 수 있습니다. 그런 의미에서 청소년 여러분은 미래 문화의 주인공이에요.

영화는 뜨거운 열정을 필요로 합니다. 그리고 열정은 호기심에서 출발합니다. 세상에 대한 열정과 호기심으로 여러분의 세상을 넓히고 새로운 영화에 도전하기 바랍니다. 여러분들이 만든 영화가 잠자던 세상을 깨우는 그 날, 세상이 더욱 따뜻하고 아름답게 될 거라 믿습니다.

이제 청소년 여러분들의 아름다운 영화를 기다리겠습니다.

참고 문헌

강유정 지음, 『영화 글쓰기 강의』, 북바이북, 2019
김기봉 지음, 『팩션시대 영화와 역사를 중매하다』, 프로네시스, 2006
김미현 지음, 『한국 영화 역사』, 커뮤니케이션북스, 2014
김훈 지음, 『남한산성』, 학고재, 2017
라이엇게임즈 지음, 『리그 오브 레전드: 공식 스토리북』, 제우미디어, 2020
레프 톨스토이 지음, 『예술이란 무엇인가』, 신원문화사, 2011
로버트 맥키 지음, 고영범·이승민 옮김, 『시나리오 어떻게 쓸 것인가』, 민음인, 2011
배상준 지음, 『영화학 개론』, 건국대학교 출판부, 2019
아리스토텔레스 지음, 박문재 옮김, 『아리스토텔레스 시학』, 현대지성, 2021
앙드레 바쟁 지음, 안병섭 옮김, 『앙드레 바쟁의 영화란 무엇인가』, 집문당, 1998
에드 시코브 지음, 김성호·전일성 옮김, 『영화학 개론』, 비즈앤비즈, 2019
유발 하라리 지음, 조현욱 옮김, 『사피엔스』, 김영사, 2015
윤동주 지음, 『윤동주 전 시집-하늘과 바람과 별과 시』, 스타북스, 2016
이동진 지음, 『영화는 두 번 시작된다』, 위즈덤하우스, 2019
이혜원 지음, 『판타지 복합장르 애니메이션의 구조』, 커뮤니케이션스북스, 2018
장 지글러 지음, 유영미 옮김, 『왜 세계의 절반은 굶주리는가?』, 갈라파고스, 2007
폴 조셉 굴리노 지음, 김현정 옮김, 『시나리오 시퀀스로 풀어라』, 팬덤북스, 2020
황희연 지음, 『만화로 보는 영화의 역사』, 오픈하우스, 2013